신격호의 꿈,
함께한 발자취

신격호의 꿈,
함께한 발자취

롯데그룹 CEO들의 기록

REPETO AI

추천사

『신격호의 꿈, 함께한 발자취;
롯데 CEO들의 기록』 출판을 축하하며

　　　　　　　『신격호의 꿈, 함께한 발자취; 롯데 CEO들의 기록』의 편집 방식은 독특하다. 한 사람의 저술이 아닌, 신격호 회장님과 함께 롯데를 일구어낸 이들의 회고와 연상을 모은 앙상블이다. 이는 Essography(Essay+Autobiography)라 불리는, 수필 형식으로 한 인물의 자서전적 면모를 그려내는 기법이다.

　책 속에서 한 전임 대표는 회장님이 임원뿐만 아니라 실무자의 의견까지도 귀담아들었던 순간을 회상하며 "아, 이 조직이 살아있구나!"라는 감동을 기억하며 소감을 전한다. 또한 회장님은 날카로운 통찰력으로 보고자에게 핵심을 짚어내는 질문을 던지는 한편, 영업 일선의 직원들에게 "영업이 뭐든가? 그렇지, 나도 등짐을 지면서 껌도 팔아봤고 신문배달도 해봤지"라며 공감과 격려를 아끼지 않았다고 한다. 이처럼 함께 일했던 이들은 생전의 신격호 회장님과의 생생한 순간들을 책 속에 담아냈다.

고 신격호 회장님은 필자와 유사한 점이 많다고 여겨졌다. 필자 역시 독서와 인문학으로 학위를 받았기 때문이다. 문과 지망생이었던 회장님은 소설가를 꿈꾸셨다고 한다. 괴테의 『젊은 베르테르의 슬픔』에 깊은 감명을 받아 일본에서의 결혼 과정에서 신부에게 이 책을 선물했고, 일본에서 시작한 비누 사업이 화장품으로 확장될 때 그 브랜드를 『젊은 베르테르의 슬픔』에 등장하는 여주인공 '샤롯데'에서 '샤'를 뺀 '롯데'로 정한 이래 '大롯데'가 탄생되게 된 것이다. 이는 청소년 시절의 감동을 거대 기업가로 성장한 후에도 잊지 않고 이어간 것이다. 이러한 따뜻한 마음이 직원에 대한 배려, 고객에 대한 친절, 사회에 대한 겸손과 기부 공헌으로 이어진 것이 아닌가 생각해 본다.

보라! 일본 사회에서 조선인으로서 험난한 환경 속에서도 청춘의 아름다운 정서를 그대로 간직한 것은 참으로 감동적인 사실이다. 필자 역시 문인으로, 무인으로, 사회의 행동가로 발전하면서 젊은 시절의 로맨틱한 인문학적 소양을 떠올리곤 한다.

필자는 박목월 시인의 '사월의 노래'에 김순애가 곡을 붙인 노래 중 "목련꽃 피는 언덕에서 베르테르의 편질 읽노라"라는 구절을 들을 때마다 가슴이 찌르르한 순정을 느낀다. 김훈은 "목련꽃은 등불이 되어야 피어난다"고 했고, 나태주 시인은 "너에게로 떠난 날 꽃 가운데서도 목련꽃"이라고 노래했다. 이제 '베르테르의 편지를 읽노라'는 구절에서 고 상전 신격호 회장님을 연상하지 않을 수 없다.

베르테르가 이미 약혼한 샤롯데를 사모하는 마음으로 사회성을 잃고 방황하다 끝내 자살하고, 그 후 샤롯데가 통곡하게 된다. 이러한 이야기를 담은 소설을 어린 시절 읽고 마음에 품었던 감상을 신격호 회장님은 성인이 되어서도 어떻게 모두 고이 간직하셨을까?

또한 바쁜 사업 중에도 바둑 5단의 실력을 갖추셨다니 바둑을 즐기는 필자로서는 한 번 대국해 보고 싶은 마음이 들었고, 20년의 세월을 넘어 가깝고도 친근한 마음으로 이 賀書(축하의 글)를 쓰고 있다.

이 책『신격호의 꿈, 함께한 발자취; 롯데 CEO들의 기록』이 자라나는 모든 젊은이들에게 감성과 열정을 주고, 어려움을 뚫고 나가는 열정의 원동력이 되기를 믿는다.

마지막으로 뮤지컬 '맨 오브 라만차'의 주제곡 가사 "잡을 수 없는 별일지라도 힘껏 팔을 뻗으리라… 운명이여 내가 간다… 거친 바람이 불어와 나를 깨운다"가 고 신격호 회장님의 모습과 오버랩

된다. 『신격호의 꿈, 함께한 발자취; 롯데 CEO들의 기록』이 세대를 넘어 영원한 '마우솔레움(靈廟, 영묘)'이 되기를 바라며 이 추천사를 마친다.

민주평통자문회의 운영소위원회 위원장
사) 통일문화연구원 이사장
롯데재단 자문위원
이촌동 沁芳에서 友濫 라종억 올림

발간사

존경하는 독자 여러분, 오늘 저희는 누구보다도 따뜻하고 엄격했던 아버지이자 할아버지셨고, 대한민국 산업의 선구자이자 롯데 그룹의 창업자이신 신격호 회장님의 삶을 담은 책을 세상에 내놓게 되었습니다. 롯데 그룹 CEO들이 집필한 신격호 회장님의 회고록 "신격호의 꿈, 함께한 발자취, 롯데 CEO들의 기록"의 발간은 한 시대를 관통한 혜안과 열정을 후대에 전하는 소중한 가교가 될 것입니다.

'롯데'라는 이름은 우리에게 너무나 익숙합니다. 껌, 과자, 백화점, 호텔, 놀이공원… 우리 삶 곳곳에 스며든 롯데는 단순한 기업을 넘어, 우리의 추억과 일상을 함께 해온 친구 같은 존재입니다. 그러나 롯데의 눈부신 성장 뒤에는 신격호 회장님의 땀과 열정, 그리고 흔들리지 않는 신념이 있었습니다.

이 회고록은 롯데라는 기업을 일구어낸 신격호 회장님의 발자취를 따라가는 여정입니다. 회장님을 가까이에서 모셨던 분들의 생생한 기억과 경험을 통해, 우리는 '인간 신격호'의 모습을 만나고, 그의 경영 철학과 리더십을 배울 수 있습니다.

때로는 엄격했지만 따뜻했던 회장님의 모습, 혁신을 향한 끊임없는 열정, 그리고 무엇보다 조국을 사랑하는 깊은 애국심까지. 이 회고록은 단순히 과거를 회상하는 데 그치지 않고, 롯데의 미래를 향한 나침반이 되어줄 것입니다.

"거기 가 봤나?"라는 회장님의 상징적인 질문은 단순한 말씀이 아니었습니다. 이는 현장의 실상을 직접 확인하고 체험하라는 깊은 가르침이자, 끊임없는 도전과 혁신의 정신을 담고 있었습니다. 신격호 회장님은 언제나 현장 경영을 중시하며, 직원들과 직접 소통하고 현장의 문제를 발로 뛰며 해결하는 '현장경영'을 실천하셨습니다. 이러한 현장 중심의 경영 철학은 롯데 그룹의 성공적인 성장의 토대가 되었으며, 기업의 혁신을 촉진하는 중요한 동력이 되었습니다.

회장님 집무실에 걸려있던 '거화취실(去華就實)'이라는 글귀는 화려한 외형보다는 진정한 내실을 중시하는 회장님의 경영 철학을 상징합니다. 이 철학을 바탕으로, 회장님은 롯데를 외형적인 치장보다는 실질적인 가치를 창출하는 기업으로 성장시키셨습니다. 롯데의 지속적 성장은 이러한 경영 철학 덕분에 가능했습니다.

이 책에 담긴 이야기들은 단순한 사실의 나열을 넘어섭니다. 회장님과 함께했던 순간들의 울림, 도전의 순간들, 그리고 성취의 기쁨이 생생하게 담겨 있습니다. 롯데 그룹 CEO들이 들려주는 각각의 증언은 개인의 기억을 넘어, 우리 산업 발전의 역동적인 순간들을 생생하게 그려내고 있습니다. 이를 통해 우리는 신격호 회장님의 경영 철학뿐만 아니라, 롯데 그룹과 함께 성장해 온 대한민국 경제의 발자취를 함께 되돌아볼 수 있습니다.

'거인의 어깨 위에서 더 넓은 세상을 본다'는 말처럼, 우리는 신격호 회장님이 남기신 소중한 유산을 바탕으로 새로운 롯데의 길을 열어가야 합니다. 급변하는 시대 속에서도 롯데만의 가치를 지키고, 더 큰 꿈을 향해 나아가는 롯데의 미래를 기대합니다.

사랑하는 후배 여러분, 그리고 이 책을 읽는 모든 독자 여러분께 당부드립니다. 이 책을 통해 회장님의 정신을 배우되, 단순히 따라 하는 것에 그치지 마십시오. 해바라기처럼 한 곳만 바라보다 시들어버리는 우를 범하지 않기를 바랍니다. 회장님께서 그러셨듯 세상을 향해 눈을 크게 뜨고, 스스로의 길을 개척해 나가시기 바랍니다. 변화하는 시대에 맞춰 새로운 도전을 두려워하지 말고, 자신만의 독창적인 비전을 만들어가시기 바랍니다.

이 책의 발간을 위해 애써주신 모든 분들께 깊은 감사를 드립니다. 특히 자신의 소중한 기억을 아낌없이 나눠주신 롯데 그룹의 리더 여러분께 각별한 감사의 말씀을 전합니다. 여러분의 헌신과 노력이 있었기에 이 귀중한 기록이 세상에 나올 수 있었습니다.

신격호 회장님의 꿈과 열정, 그리고 끊임없는 도전 정신이 이 책을 읽는 모든 이의 가슴속에 오래오래 살아있기를 기원합니다. 이를 통해 우리 모두가 각자의 분야에서 새로운 역사를 써 내려갈 수 있기를 기원합니다.

    감사합니다.

롯데재단 의장 신영자
롯데장학재단 이사장 장혜선 올림

차례

part 1

거기 가 봤나
— 현장경영을 펼치다

순간은 기억되고 기억은 역사가 된다	18
모두 타 보았는가?	27
호텔 숙직의 밤, 예상치 못한 인생 레슨	32
천억 원 정도는 배웠다고 치자	37
엘리베이터에서 만난 회장님	46
정직, 품질, 현장: 롯데를 움직이다	50
33년간 배운 현장 경영	57

part
2

단디하라
— 책임경영을 펼치다

자네는 고집이 좀 있지?	68
"우리가 일등인가?" 신격호의 혁신 DNA	75
얍삽하게 하지말라	84
"더 노력해서 살리도록 해"	89
글로벌 경영계의 거인, 신격호 회장님	96
정직과 세심함으로 이끈 롯데의 성장	106
信義를 바탕으로 한 三角經營	113
영업이 힘든가?	123
회장님과 부동산	129
"1원을 찾아 나서라"	136
외워라. 질문하라. 본업에 충실하라	144
'단디하라' 위임경영	152
일등하라	155
회장님의 제품개발사랑	159

part
3

기업보국
— 국가의 이익과 민족을 생각하다

1987년 4월, 대한민국을 세계에 마케팅하다!	166
롯데면세점의 역사 창조	176
나는 일하는 것이 아니야, 내 삶이야	183
"IISI 총회 유치부터 한류 열풍까지"	188
"재계의 이방인에서 대한민국 경제 거인으로"	195
본인을 제품개발자로 자청하시던 회장님	199
진정한 민족기업 롯데	203
사업가로서의 혜안(慧眼)	211
세계 최대를 향한 꿈, 롯데의 건축물에 담기다	215
거화취실과 샤롯데, 실속과 고객 사랑	222

part 4

인간 신격호
— 회장님의 일상과 생애

회장님의 안경	232
발자취를 찾아서	237
뭐라 했노?	260
삶의 중심에서 그 전부로	264
'아이디어'에 대해서 어떻게 생각해?	271
회장님의 경영방식은 질문이다	275
테마파크의 비밀	279
용병술의 롯데	286
하나라도 더 가르쳐 주고 싶어 하시던 회장님	290
내가 롯데그룹 전 직원 중에서 "최고의 행운아다"	297
나의 보물 같은 시절	303
믿고 맡겨주시는 회장님	308
나의 아버지 같으신 신격호 회장님	314

part 5

기억 속의 순간들
— 회장님의 사진 기록

part

1

거기
가 봤나?

현장경영을
펼치다

순간은 기억되고
기억은 역사가 된다

김명수

롯데물산 전 대표이사

　　　　　　　　건축을 전공한 나는 25년이라는 긴 세월 동안 롯데그룹의 신규 프로젝트 TF팀에서 설계와 인허가 수속 업무를 주로 담당하다 보니 회장님을 가까이에서 모시게 되었다.

　소공동의 신관 호텔과 백화점, 부산 서면의 롯데월드, 그리고 회장님의 숙원 사업이었던 123층 롯데월드타워 프로젝트까지, 나는 초기 구상 단계부터 설계, 인허가 수속, 공사 관리에 이르는 전 과정을 담당했다. 특히 롯데월드타워 프로젝트에서는 공사 관리를 총괄하는 건설본부장이라는 중책을 맡아 수행하면서, 회장님과의 소중한 추억들을 가지게 되었다.

회장님은 흔히 83엔만을 들고 일본으로 건너가 온갖 어려움을 극복하고 성공한 입지전적 인물로 알려져 있기도 하지만 내가 아는 회장님은 현장과 실제 사례를 가장 중요하게 생각하시는 분이었다. 현대의 정주영 회장이 "이봐, 해봤어?"라는 말로 유명하다면, 신격호 회장님에게는 "거기 가봤어?"라는 말씀이 있다. 이 짧은 한마디는 회장님의 묘지 와석에까지 새겨질 만큼 회장님의 경영철학과 성실함을 잘 응축하고 있다.

회장님은 새로운 프로젝트를 구상하실 때마다 틈을 내어 해외 사례를 직접 돌아보셨다. 우리 TF팀에게도 일본은 물론이고 동남아, 유럽, 미국, 심지어 중동 아랍권까지 초고층 건물과 잘 만들어진 복합쇼핑몰을 견학하는 것은 필수적인 업무였다. 이러한 경험들은 팀원들의 기획 역량을 키우고 롯데그룹의 경쟁력을 높이는 밑거름이 되었다. 나 개인적으로도 이러한 훈련을 바탕으로 『마켓 3.0시대의 융합건축설계』라는 전문 서적을 집필하여 출판할 수 있었다.

회장님의 현장 중심 철학을 따르다 보니 때로는 예상치 못한 상황을 만나기도 했다. 잠실 롯데월드몰 초기 기획 당시, 쇼핑몰 외벽 색깔에 대해 유로 디즈니랜드 정면 건물을 언급하신 회장님의 말씀에 따라 파리로 현장 조사를 갔다가 여권을 소매치기당하는 황당한 경험을 했다. 다행히 대한항공 파리지사와 영사관의 도움으로 3시간 만에 임시여행자 증명서를 발급받아 빠르게 귀국할 수 있었지만, 이 역시 현장과 사례를 중시하는 회장님의 뜻을 따르다 벌어진 일로, 지금은 아름다운 추억이 되었다.

신격호 회장님의 또 다른 큰 특징은 조국 대한민국에 대한 깊은 사랑이었다. 초고층 건물 허가가 지연될 때, "외국 관광객들에게 고궁 보여주고 나면 더 볼 것이 없지 않나?"라며 안타까워하셨다. 초고층 건물이 우리나라 관광산업에 큰 도움이 될 것이라는 확신을 가지고 계셨고, 이를 허가 당국 관계자들에게 잘 설명하라고 당부하셨다.

롯데월드 어드벤처와 같은 실내 테마파크를 구상하신 것 역시 당시로서는 획기적인 발상이었다. 이는 미래 세대들에게 꿈과 희망을 심어주는 공간으로, 최대 실내 테마파크로 기네스북에 오르는 쾌거를 이루었다. 현대 정주영 회장이 롯데월드 공사 현장을 방문해 "신격호가 아니면 생각할 수 없다"라고 감탄한 일화는 회장님의 스케일과 혜안을 단적으로 보여준다.

회장님은 종종 "우린 부존자원이 별로 없으므로 원재료가 많이 들지 않으면서 외화 가득률이 높은 관광산업이 매우 중요하다."라고 강조하셨다. 또한 회사 경영을 잘해 세금을 많이 내고 일자리를 창출하는 것이 곧 국가를 위한 일이라는 '기업보국'의 철학을 분명히 하셨다.

신격호 회장님의 조국에 대한 남다른 애정은 일제 강점기 시절 혈혈단신 일본으로 건너가 겪으신 고난의 경험에서 비롯된 것으로 보인다. 나라의 중요성을 뼈저리게 느끼신 회장님의 애국심은 회장님의 모든 행동과 결정의 근간이 되었다. 이러한 회장님의 진정한 애국자로서의 면모는 우리 모두에게 깊은 감동과 교훈을 주고 있다.

롯데월드 어드벤처와 같은 실내 테마파크를 구상하신 것 역시 당시로서는 획기적인 발상이었다. 이는 미래 세대들에게 꿈과 희망을 심어주는 공간으로, 최대 실내 테마파크로 기네스북에 오르는 쾌거를 이루었다

신격호 회장님의 애국심을 보여주는 세 가지 일화가 있다.

첫 번째 일화는 1990년대 초반, 동경 회장실을 방문했을 때의 경험이다. 회의실 벽면에 걸려있던 대형 임진왜란 해전도는 조선 수군에 의해 일본군이 남해에 수장되는 장면을 담고 있었다. 한 일본인 직원과 그림 내용을 두고 이야기를 나눴는데 나는 내심 깜짝 놀랐다. 일본에서 사업을 하는 한국인 기업가의 공개된 회의실에 이런 그림이 걸려있다는 사실이 대단하게 생각되었다. 망설임도 있으셨겠지만, 조국에 대한 깊은 애정, 나라 사랑에서 선택하셨을 것이다.

두 번째 일화는 "대한민국이 일등을 해야 한다."라는 회장님의 말씀에 관한 것이다. 롯데월드타워 프로젝트는 1994년부터 시작되었지만, 여러 장애물로 인해 16년이 지난 2010년 11월에야 건축허가를 받을 수 있었다. 이 긴 시간 동안 포기하지 않고 끝까지 밀어붙인 회장님의 의지는 감동적이었다. 특히 초고층 프로젝트 업무보고 때 들었던 회장님의 말씀은 잊을 수 없다. "건물 높이에서 우리나라가 단 일주일만이라도 일등을 해야 하지 않나?" 진정 나라 사랑에 대한 큰 울림을 듣는 순간이었다.

세 번째 일화는 중앙연구소에서 근무하다 동경 주재원으로 파견되어 근무했던 고 유주하 코리아세븐 대표가 전해준 이야기이다. 회장님은 부임 인사를 하러 온 유 대표에게 "여기 동경사무실에는 한국 사람이 자네와 나 두 사람뿐이니 잘해야 해"라고 거듭 당부하셨다고 한다. 작은 행동 하나라도 나라에 누가 되지 않도록 조심해야 한다는 짤막한 당부였지만 나라 사랑에 대한 진정성을 엿볼 수 있었다. 이는 "나는 내 나라를 내 영혼보다 더 사랑한다."라는 마키아벨리의 고백을 떠오르게 한다.

이 세 가지 일화를 들려줄 때마다, 대부분의 사람들은 "몰랐네요. 정말 그런 분이셨군요."라며 신격호 회장님에 대한 인식을 새롭게 한다.

역사의 흐름 속에서 특별한 순간들은 우리의 기억에 깊이 새겨지고, 그 기억들은 결국 역사가 된다. 2011년 6월 4일 새벽 5시, 롯데월드타워의 기초 콘크리트 작업이 시작된 그 순간은 울주 청년 신격호의 마지막 큰 꿈이 실현되는 역사적인 순간이었다. 어둠을 뚫고 첫 레미콘 트럭이 현장 문을 들어설 때의 감격은 어떤 말로도 표현할 수 없을 만큼 컸다. 너무나 긴 산고 끝에 맞이한 순간이었기에 그 감동은 더욱 깊었다.

역사적으로 중요한 사건들이 새벽에 일어났듯이, 롯데월드타워의 기초공사가 새벽에 시작된 것은 단순한 우연이 아니었다. 마치 하늘이 대한민국의 새로운 역사의 시작을 예고한 것만 같았다. 그 역사적인 순간을 지켜보며, 16년 동안의 힘겨웠던 순간들이 머릿속을 스쳐 지나갔다. 현장에 있던 대부분의 사람들은 흥분과 함께 박수를 보냈지만, 긴 허가 과정에서 수많은 어려움을 겪어온 나로서는 감격의 눈물을 주체할 수 없었다.

초고층 타워의 기초는 그 규모만으로도 경이로웠다. 초고층 타워의 콘크리트기초는 가로, 세로가 각 72m에 높이가 6.5m에 이른다. 축구장 2/3 크기에 2층 높이에 달하는 거대한 구조물을 만들기 위해, 인근 8개 레미콘 공장이 모든 작업을 중단하고 오직 이 기초

작업에만 집중했다. 5,300대의 레미콘 트럭이 32시간 동안 쉼 없이 콘크리트를 부어 기초를 완성했다. 이 트럭들을 일렬로 늘어놓으면 잠실에서 오산까지 이어질 만큼의 거리였다. 이는 대한민국 건설 역사상 전례 없는 대역사였다.

많은 어려운 과정을 통해 완공된 롯데월드타워를 돌이켜 보면 특별히 생각나는 것이 하나 있다. "회장께서 초고층 완공을 보시지 못하면 눈을 감지 못하실 것이다."라며 허가가 늦어짐을 모두가 안타까워했던 일이다. 다행히 준공을 보시고도 몇 년을 더 사셨으니 감사한 일이고 하늘의 은혜였다.

기초 콘크리트 타설을 모두 마친 2011년 6월 5일 오후 4시경 회장께서 현장을 찾으셨다. 간단한 보고를 받으신 후 말씀 없이 38미터 저 아래 기초를 내려다보시던 그 모습이 지금도 눈에 선하다. 과연 어떤 소회였을까? 한편 사업성이 없다는 초고층을 왜 지으려 하실까?

많은 이들이 사업성이 없다며 의문을 제기했던 초고층 건물에 대한 회장님의 비전은 한 중앙 언론사 인터뷰에서 잘 드러났다. "롯데월드타워가 서울의 품격을 높인다면 그 가치는 돈으로 환산하기도 어렵지 않겠는가?", "초고층 프로젝트를 사업으로만 봐서는 안 되는 일이다."라는 말씀하셨다. 초고층은 30층 정도 건물에 비해 평당 공사비가 2배에서 3배 정도 더 들기 때문에 그 자체만으로 사업성이 없다. 그래서 "회장님과 설계사만 초고층을 찬성한다."라는 우스갯소리가 있을 정도로 회의적인 시각도 있었지만, 인터뷰에서 보여주듯 이유는 명쾌했고 회장님의 조국에 대한 애

2011년 6월 4일 새벽 5시, 롯데월드타워의 기초 콘크리트 작업이 시작된 그 순간은 을주 청년 신격호의 마지막 큰 꿈이 실현되는 역사적인 순간이었다. 어둠을 뚫고 첫 레미콘 트럭이 현장 문을 들어설 때의 감격은 어떤 말로도 표현할 수 없을 만큼 컸다.

정도 잘 나타나 있다. 어느 날인가 초고층 허가 수속에 대한 업무 보고를 마치고 나오면서 지금은 고인이 되신 롯데물산 강광언 대표께 "아버지 같지 않아요?"라고 질문한 적이 있다. 회장님은 내게 언제나 자상한 아버지 같은 분이셨다.

흔히 '옷깃만 스쳐도 인연'이라 한다. 한 송이 국화꽃을 피우기 위해 소쩍새도 울고 천둥도 울었듯 초고층이라는 연(緣)을 통해 회장님을 가까이서 모신 것은 내겐 행운이자 큰 축복이었다. 어리석은 이는 인연을 만나도 몰라보고, 보통 사람은 인연을 알면서도 놓치고, 현명하고 지혜로운 이는 옷깃만 스쳐도 그 인연을 키워간다고 한다. 다시 한번 회장님과의 소중한 인연을 가슴에 되새겨 본다.

모두 타 보았는가

신영재

롯데월드 전 대표이사

회장님과 함께 하면서 회장님의 경영철학을 배울 수 있었던 여러 번의 에피소드들이 있었다. 그러한 에피소드들을 바탕으로 회장님에 대해서 다시 한번 추억해 보고 싶다.

롯데호텔에 입사하기 몇 해 전, 나는 안전기사 국가기술자격을 취득했다. 그 당시만 해도 기업에서 안전 기술자에 관해 관심이 크지 않았으나, 나는 스스로 은근히 자부심을 가지고 있었다.

그러던 중, 소공동 롯데호텔이 개업하던 해, 신격호 회장님께서 귀국하시고 "호텔 안전관리에 대해 어떻게 관리할 것인가"라는 보고 지시를 내리셨다. 대표이사님, 아사히 부사장님, 이사까 상무님 앞에서 과장인 내가 보고를 하게 되었고, 그날 보고는 오후 2시부터 8시까지 무려 6시간 동안 이어졌다. 지루한 줄 모르고 서서 6시간을 보고하였는데 다행히 모든 분들께서 즐거워하였다. 특히 회장님께서는 화재 안전에 깊은 관심을 보이셨다. 소화기의 배치 현황을 묻는 말에 법적 기준인 보행거리 20m마다 한 개씩 설치되어 있다고 보고하였으나, 회장님은 "법보다 더 많이 설치하면 안 되는가?"라고 물으셨다. 법 이상의 안전을 추구하는 회장님의 철학이 담긴 질문이었다. 그 질문에 나는 큰 깨달음을 얻었고, 결국 롯데호텔은 소화기를 20m마다 두 개씩 설치하게 되었다.

또, 연결 송수관의 위치와 거리, 수압 등을 물으시어 일개 층에 세 곳씩 설치되어 있어 어느 곳이든 살수가 가능하다고 보고드렸다. 회장님께서는 수압이 다를 경우를 걱정하시며 자세히 질문하셨는데, 이 또한 층별로 차이가 있으나 장정 한 명이 다루기 어렵다고 말씀을 드렸다. 그렇게 되면 호텔 방 유리창이 깨어질 가능성에 대해서 염려하여 물으셨고, 그럴 수 있다고 답변을 드렸다가 회장님의 꾸지람을 듣게 되었다. 회장님은 호텔 유리창이 깨지면 밖에 있는 사람들이 다칠 수 있으니, 안전에 유의하라는 지시를 내리셨다. 미처 생각지 못한 부분까지 꼼꼼히 신경 쓰시는 회장님의 모습에 나는 감탄하지 않을 수 없었다. 또한, 소방호스는 송수관 상자 속에 잘 정리되어 있지만, 위급 시 배관을 연결하기 힘들 수 있으니, 미리 연결해 두라는 지시도 잊지 않으셨다. 이런 세심함과 철저함을 회장님은 항상 마음속에 품고 계셨다.

소공동 신관 호텔의 개업 첫해, 한 여름밤의 열기가 가시지 않은 밤 열 시에 회장님의 부름을 받고 급히 발걸음을 옮겼다. 회장님은 신관과 본관을 잇는 다리가 연결되지 않은 이유를 물으셨다. 그 날 밤 서울에 불어닥칠 것으로 예상되는 태풍의 위협 앞에 안전을 우선하여 다리를 접었노라고 설명을 해드리고 귀가하였다.

그런데, 자정이 지나 울린 전화벨 소리에 잠에서 깨어보니, 회장님께서 급히 찾는다는 전화였다. 급하게 준비하고 다시 회장님 앞에 섰을 때, 나는 그분의 끊임없는 탐구 정신과 완벽을 향한 집념을 지켜볼 수 있었다. 회장님께서는 새벽 1시라는 시간도 아랑곳하지 않고 이미 일본의 다리 제작사와 직접 통화하여 태풍이 불어와도 다리에는 문제가 없다는 안전성을 확인하신 상태였다. 회장님은 나와 같이 옥상으로 올라가서 다리 조작하는 방법을 직접 확인하고 배워 보겠다고 하셨다. 옥상에서 나는 회장님께 다리 조작법을 알려드리고, 조명 스위치와 다리 조작 스위치를 설명드렸다. 그러나 회장님께서는 급한 순간에 어떤 사람이 운전할 수 있겠느냐며, 평상시엔 다리를 항상 연결해 두라고 지시하셨다. 이런 회장님을 생각하면 참으로 놀라울 따름이었다.

호텔에 머무르실 때면 어김없이 이어지던 회장님의 야간 순찰은 회장님의 경영철학을 가장 잘 보여주는 일과였다. 매일 밤 9시 30분, 2시간에 걸친 꼼꼼한 점검은 주방, 영업장, 기계실 등 호텔 곳곳을 아우르며 이뤄졌다. 소등 상태부터 가스 취급, 온도 조절에 이르기까지, 사소한 것 하나 놓치지 않으려는 회장님의 집요함은 경외심마저 불러일으켰다. 모든 것을 직접 알고, 보고, 느껴야 한다는 회장님의 신념은 롯데의 성공 비결이자, 우리가 본받아야 할 귀중한 가르침이었다.

건설본부장 시절, 나는 울산호텔 건설 현장에서 회장님과 뜻밖의 여정을 함께 한 적이 있다. 갑자기 회장님이 승용차를 타라고 하신다. 갑작스럽게 회장님의 차를 타고 포항으로 향했다. 그 당시 나는 초행길이었다. 경주를 지나 포항으로 향하는 2시간의 여정에서, 회장님의 호기심은 멈추지 않았다. 차창 밖으로 스쳐 지나가는 모든 큰 건물들이 회장님의 관심을 사로잡았다. "저 건물의 용도는 무엇인가?" 회장님의 질문은 끊이지 않았고, 나는 최선을 다해 답변했다.

내 대답이 얼마나 정확했는지는 알 수 없다. 다만 회장님의 끊임없는 질문에 답하느라 포항에 도착했을 때는 머리가 지끈거렸다. 생각하기를 좋아하시는 회장님, 궁금한 것도 많으신 어른이시라고 생각이 되었다.

롯데월드 대표 시절, 그날도 여느 때와 다름없이 회장님과 함께 현장을 순찰하고 있었다. 롯데월드의 놀이기구인 파라오의 분노 설비공사 현장, 먼지 냄새 가득한 그곳에서 회장님의 말씀이 있으셨다.

"저기 있는 소화기를 들고 공사 중인 천장 안으로 분사해 보게." 회장님의 갑작스러운 지시에 나는 잠시 망설였다. 혹시 소화기가 불량이면 어쩌나 하는 걱정이 스쳐 지나갔다. 소화기를 작동시키자 엄청난 소리와 함께 하얀 거품이 폭포수처럼 쏟아져 나왔다. 순식간에 천장은 하얀 안개에 휩싸였고, 앞이 보이지 않을 정도였다. "또 할까요?"라고 물었지만, 회장님은 "그 정도면 됐다. 그만하자."라고 하셨다. 안전에 대한 생각이 대단하셨다. 어떤 기업의 회장님들도 그렇게 철저할 것이라고는 생각이 안 된다.

또 다른 날, 회장님은 나에게 뜻밖의 질문을 던졌다. "롯데월드 놀이시설들을 자네는 모두 타 보았는가?" 나는 "안 타 본 것도 많이 있습니다."라고 답변을 드렸다. 그러자 회장님께서는 "자네가 모두 타 보고 안전 여부를 직접 검토하라."고 단호히 말씀하셨다. 내가 타 보기 어려운 시설도 많이 있었지만, 회장님 지시 사항이니 조금씩 다 타 보았다. 지금은 참 좋은 추억이며 언제 다시 또 타 볼 수 있었겠는가? 하는 생각이 든다.

38년간 정말 다양하게 생각나는 것도 많지만, 회장님 은혜로 나의 안전기사로서의 정신상태도 많이 발전했으리라 생각되며, 수시로 회장님 생각이 난다. 덕분에 큰 안전사고 없이 근무를 마치고 나의 안전의식 또한 많은 발전을 이룬 것에 무한한 감사를 드린다. 참고로, 나는 롯데월드 최초 영업허가 시에 등록된 초대 안전기사였다.

호텔 숙직의 밤,
예상치 못한 인생 레슨

이강로

롯데호텔 전 전무이사

　　　　　　인생의 여정에서 누구나 마주하게 되는 중요한 변곡점의 순간이 있다. 그 순간은 마치 길고 긴 강줄기에서 만나는 급류와도 같아, 우리 삶의 방향을 완전히 바꿔놓곤 한다. 고등학교 때 우리 반의 교훈은 "빛과 소금이 되자"였다. 사회에 나가서 결코 부정함과 타협하지 말고, 양심에 거스르는 행동을 해서는 안 된다는 것이었다. 순백과도 같았던 어린 시절에 이러한 가르침은 크나큰 울림이 되어 가슴속에 자리 잡았다.

　대학을 졸업하고 롯데호텔에 첫발을 내디뎠을 때, 나는 새로운 세상을 마주했다. 호텔 특성상 서양식 운영 체계가 주를 이루고 있었지만, 그 속에서도 신격호 회장님의 일본에서의 자수성가 경험이 녹아든 특별한 관리 문화도 함께 존재했다. 1970년대 일본 경제는 무섭게 발전하고 있었다. 세계 2위의 경제 대국이라는 타이틀을 넘어, 곧 미국마저 추월할 것이라는 신문 기사들이 쏟아져 나올 정도였다. 많은 세계적 경제학자가 일본의 독특한 경영 방식을 연구하기 위해 일본을 방문했다. 그들은 종신고용제를 일본 경영의 핵심으로 분석했으며, 이것이 서양의 경영 방식과 근본적으로 다르다고 보았다. 일부 학자들은 이 제도가 일본 기업의 높은 생산성의 비결이라고 주장했다.

이러한 배경 때문인지, 회사의 분위기는 예상외로 따뜻했다. 열심히 자발적으로 일할 수 있는 분위기였고, 격려와 칭찬으로 직원들의 사기를 올려주었다. 그런 분위기 속에서 나는 회사 생활에 만족하며 열심히 일했다.

그러던 어느 날, 신격호 회장님의 인터뷰 기사가 신문에 대대적으로 실렸다. "회장님, 일본과 한국을 왕래하시면서 경영하시는데 일본 직원과 한국 직원을 어떻게 평가하십니까?"라는 기자의 질문에 회장님은 이렇게 답하셨다. "일본 직원은 일을 안 한다. 그러나 믿을 수 있다. 한국 직원은 일은 열심히 한다. 그러나 잘 믿을 수 없다." 충격이 아닐 수 없었다. 나의 고교 시절의 가르침으로 항상 정직을 우선순위에 두었지만 회장님의 말씀에 옷깃을 새롭게 여미지 않을 수 없었다.

내가 호텔 기획실장으로 근무하던 시절의 이야기이다. 롯데호텔에서는 한 달에 한 번씩 숙직 당번을 서는데, 그날은 내가 호텔의 숙직 당번을 서는 날이었다. 깊은 밤, 시계의 바늘이 새벽 두 시를 가리킬 무렵, 갑작스레 회장님의 호출이 울렸다. 드문 일이었다. 희미한 불빛 속에서 회장님의 목소리가 들려왔다. "같이 순찰을 돌자." 그 한마디에 나의 가슴은 긴장감으로 가득 찼다.

회장님과 나의 발걸음은 호텔 지하층 식당가로 향했다. 그리고 메인 주방으로 들어서자, 비상구 등만이 희미하게 빛나고 있었다. 본능적으로 스위치를 켜려는 순간 회장님이 켜지 못하게 막으시면서 "메인 가스 밸브가 어디에 있나?"라고 물으셨다. 순간 나는 아무 말도 할 수 없었다. 캄캄한 어둠 속에서 아무것도 보이지 않았고, 솔직히 가스 밸브의 위치조차 알지 못했다. 관리 부문에서 일하다 보니 주방에 들어가 본 경험이 드물었고, 가스 밸브의 위치 같은 세세한 부분은 내 관심사 밖이었다.

묵묵히 두 군데의 식당 주방을 더 둘러보신 회장님. 회장님은 내가 가스 밸브 스위치 등에 대해 관심이 없다는 것을 확실히 아셨다. 순찰을 마치신 후, 회장님은 나에게 숙직자의 임무가 무엇인지 물으셨다. 나는 횡설수설 대답했다. "24시간 운영하는 호텔에서 야간 근무를 잘하는지, 손님과의 문제 발생 시 적절하게 대처하는지 등을 감독하는 것입니다." 그러나 회장님의 대답은 나의 좁은 시야를 완전히 뒤집어 놓으셨다.

"그것이 아니다. 여기에는 수천 명의 외국 손님이 우리를 믿고 안심하고 쉬고 있다. 만에 하나라도 소홀한 점이 있어 사고가 난다면 그야말로 큰일이 아닐 수 없다. 이보다 더 중요한 것은 없다. 숙직자는 퇴근한 직원들이 철저하게 안전 절차를 완벽히 수행했는

깊은 밤, 시계의 바늘이 새벽 두 시를 가리킬 무렵, 갑작스레 회장님의 호출이 울렸다. 드문 일이었다. 희미한 불빛 속에서 회장님의 목소리가 들려왔다. "같이 순찰을 돌자." 그 한마디에 나의 가슴은 긴장감으로 가득 찼다.

지 다시 한번 점검하는 것이 가장 중요한 소임이다."라고 부드럽게 설명해 주셨다.

그 순간, 나는 깊은 부끄러움과 동시에 큰 깨달음을 얻었다. 그 후로 나는 어떤 일을 시작할 때마다 그 일의 본질과 목적을 먼저 생각하는 습관이 생겼다. 그때 신격호 회장님의 가르침은 내 인생의 가치관 형성에 큰 변곡점이 되었다.

천억 원 정도는 배웠다고 치자

박정환

롯데KKD(현 롯데GRS) 전 대표이사

어느 날, 회장님이 내게 물으셨다. "그룹사 중 가장 어려운 곳이 어디인가?"

"예. ○○ 회사가 가장 어렵습니다."

"그 이유가 무엇인가? 왜 어렵지?"

"세계적 명성을 지닌 미국의 ○○○○ 레스토랑 그룹이 한국 시장에 진출하며 설립한 합작 법인을 우리가 인수하여 운영하고 있습니다. 우리는 로열티를 지급하며 한국 시장에서 사업을 영위하고 있지만, 실질적인 운영의 자율성은 극히 제한적입니다. 제품 개발부터 서비스 혁신, 심지어 새로운 지점의 개설에 이르기까지 모든 결정 사항이 미국 본사의 엄격한 통제를 받고 있습니다. 더욱이 한국 소비자를 대상으로 하는 마케팅 전략조차 그들의 방식을 따르기를 원하고 있고, 이를 따르지 않으면 모든 영업 활동을 하지 못하게 막고 있습니다. 이렇게는 사업하기 어렵습니다."

"아니 한국인들이 먹는데 메뉴도 마음대로 못 한다는 게 말이 되나? 왜 그런 계약을 했는가?"

"한국에서 이러한 신사업이 새로운 시장을 만들어 낼 수 있다고 판단하여 인수한 사업입니다. 호텔식 식음 서비스를 일반인들도 접근하기 쉽게 대중적으로 제공하는 사업입니다. 우리가 국내서도 호텔을 운영하지만, 고급이며 가격대도 비싸서 일반인들은 자주 이용하지 못하지만, 이를 대중화해서 발전시킨 레스토랑 사업으로 보면 될 것 같습니다."

"사람들의 반응은 어떠한가?"

"도입 초기까지만 해도 이런 서비스에 대한 일반인들의 반응이 폭발적으로 좋았었습니다. 조금 낯설지만, 선진국형 레스토랑 서비스가 사람들의 마음을 움직인 듯합니다."

"그런데 왜 어렵다고 하는 거지?"

"유사한 업종의 점포가 난립하는 문제입니다. 우리가 사업을 시작하던 초기에는 국내에 이런 점포가 수십 개에 불과해, 줄을 서서 기다리면서 이용했던 서비스였습니다. 그런데, 지금은 이런 점포 수가 백여 개가 넘으니, 고객도 분산되고 점포 간 가격경쟁으로 수익성도 좋지 않습니다."

회장님의 질문 방식에는 일정한 패턴이 있었다. 담당 책임자의 내면을 들여다보듯, 그들이 사업에 대해 품고 있는 생각의 깊이를 가늠하셨다. 더 나아가 책임자 스스로가 문제의 본질을 꿰뚫어 보고, 그 해결책을 찾아내는 과정, 그리고 그 과정에서 생겨나는 결연한 의지까지 세심하게 살피셨다. 이는 단순한 질문이 아닌, 책임 경영의 진수를 보여주는 듯했다. 문제의 근원과 전개 과정을 책임자가 온전히 파악하고 있는지, 그리고 그 해결의 실마리를 스스로 풀어낼 수 있는지를 질문으로 끌어내는 고도의 기술이었다.

한국과 일본을 한 달씩 오가며 펼치신 일명 '셔틀경영'은 그 자체로 혁신이었다. 이는 단순한 경영방식을 넘어, 사업의 책임을 온전히 담당자에게 맡기는 탁월한 지혜의 발현이었다. 이러한 접근은 전문경영인을 육성하고 단련시키는 최고의 훈련장이 되었다. 혹여 놓친 부분이 있다면, 그 자리에서 즉시 "직접 확인해 보라!"고 당부하셨다. "나 역시 항상 현장에서 직접 확인하는 방식을 고수했다"라는 회장님의 말씀은 모든 대표이사의 가슴에 깊이 새겨졌다. "거기 가봤나?"라는 회장님의 날카로운 질문이 들리는 순간, 모든 이들의 등골이 서늘해지곤 했다. 질문은 계속되었다.

"그래서 어떻게 하겠다는 것인가?"

"회장님! 배수진을 치고 미국과 협상에 들어가야겠습니다. 한국에서 사업을 우리 마음대로 할 수 없다면 차라리 사업을 철수하는 게 맞습니다. 회사를 청산하겠습니다."

"아니 회사를 청산한단 말인가?"

"네! 그 각오로 미국과 협상을 하겠습니다. 만일 미국이 이에 응하면 사업 철수를 미루겠지만 아니면 강하게 나가겠습니다. 이에 응해와 우리의 의견이 반영된다면, 다시 사업을 일으켜 보겠습니다."

나는 그 회사의 책임자도 아니었고 단지 참모로 조언하는 처지에 있었지만 청산이라는 말까지 거침없이 하는 월권과 같은 행동을 하고 있었다. 내가 모르는 것은 아니었지만 회장님은 언제나 결단에 거침없는 분이라는 것을 알고 있었기에 조금은 강한 말씀을 드리게 된 것이다.

"자네가 청산해야 한다고 생각하면, 청산해라!"

회장님의 말씀은 단호했다. 일개 참모밖에 안 되는 내가 뭐가 된다고 이런 중요한 결단을 맡기신다는 말인가. 회장님은 내 말을 들어보고 그 자리에서 즉흥적으로 결정하신 게 아니고 다양한 루트에서 보고받아 오셨기에 사업의 전부를 꿰뚫고 계셨다.

"그런데 문제가 좀 있습니다. 우리가 이 회사를 인수할 때 대략 ○○○억 원가량의 인수 비용이 들었습니다. 이게 가장 큰 걸림돌입니다. 이 돈이 없어진다고 보시면 됩니다."

"어이 박군! 천억 원 정도는 배웠다고 치자. 그 정도면 교육받은 셈이다."

그 순간, 회장님의 말씀은 비수처럼 나를 관통했다. 회장님의 결단력을 단순히 '배포'라고 표현하기엔 너무나 부족했다. 나는 다시 한번 미국과의 협상에 배수의 진을 치고 임하겠다고 말씀드렸다. 그에 대한 회장님의 응답은 간결하면서도 무게감 있었다. "단디 하라!"는 그 말씀 속에는 깊은 신뢰와 기대, 그리고 엄중한 책임감이 고스란히 담겨 있었다.

그날 보고가 마치고 나니 오후 6시가 되고 있었다. 사무실로 돌아온 내 어깨 위로 쏟아지는 무게감은 거대한 산맥과도 같았다. 해당 회사를 담당하는 대표이사에게 이 사실을 전하는 순간, 내 온몸과 마음이 떨리는 것을 느꼈다. 그것은 두려움이 아닌, 엄중한 사명감에서 비롯된 전율이었다. 수백 명의 삶과 직결된 회사의 운명을 좌우할 수 있는 이 상황은, 말 그대로 '말도 안 되는 사건'이었다. 그러나 나는 이 순간, 진정한 경영자의 모습이 무엇인지를 깨달았다. 모든 것을 걸고 협상에 임하겠다는 나의 결의는 단순한 말이 아닌, 가슴 깊이 새겨진 신념이었다.

그날 동료 임원과 함께 명동의 ○○ 매장에서 맥주 한 잔을 기울이며 그날의 사건을 되짚어보고 있을 때였다. 갑자기 ○○○ 점장이 흥분된 목소리로 "회장님이 여기 오셨습니다!"라고 말했다. 점장과는 여러 번 보고 아는 사이라 내게 급하게 전달한다고 생각했었던 모양이다.

몇 자리 너머, 회장님께서 한 분과 마주 앉아 계신 모습이 눈에 들어왔다. 나는 옷깃을 단정히 여미고 그분들께 다가가 두 분께 인사를 드렸다. 미리 점장에게 들은 정보가 있어 회장님과 함께 오신 그분이 누구인지 정보를 가지고 있었을 때였다.

"회장님, 어떻게 여기까지 방문하셨습니까?"

"아까, 자네가 이곳이 가장 힘들다고 하지 않았는가! 그래서 내가 와 봤지."

"예, 회장님, 그런데 오늘은 월요일인데도, 이곳에 손님들이 꽉

차게 있습니다. 이곳은 특별히 잘되는 점포이지만, 모든 점포가 오늘같이 이렇지는 않습니다. 아마도 회장님께서 방문해 주시니 갑자기 사람들이 크게 늘었습니다. 와 주셔서 감사합니다."

"자네, 이분이 누구신지 아는가?"

나는 미리 얻은 정보를 바탕으로 대답했다. "예, ○○○ 경제부총리님 아니십니까!" 두 분의 얼굴에 환한 미소가 번졌다.

두 분의 얼굴에 환한 웃음꽃이 피어났다. "어떻게 아는가?"라는 질문과 함께 서로를 바라보며 다시 한번 크게 웃으셨다. 나는 미리 점장에게서 얻은 정보 덕분에 모든 것을 알고 있었지만, 두 분께서는 내가 그런 정보를 가지고 있으리라고는 상상도 못 하셨을 것이다. 그분들이 내 인사에 기쁘게 반응하시는 모습을 보며, 나는 그 정보를 얻은 것이 잘했다는 생각이 들었다. 그분은 회장님과는 마치 오랜 친구 사이처럼 격의 없이 대화를 나누고 계셨다.

탁자 위에는 간소하게 샐러드 한 접시와 커피 두 잔만이 놓여 있었다. 나는 공손히 다른 것이 더 필요하지는 않으신지 여쭈어보았고, 두 분께서 즐거운 시간을 보내시기를 바란다는 말씀을 드린 후 조용히 자리로 돌아왔다. 약 20분간의 담소를 마치신 두 분이 자리에서 일어나셨다.

회장님께서는 계산대 앞에서 나를 향해 턱짓으로 '자네가 계산해라'라는 신호를 보내셨다. 나는 마치 오랜 수행원처럼 자연스럽게 일어나 계산대로 달려갔다. "제가 수행을 할까요? 여기는 제가 계산하겠습니다."라고 말씀드렸지만, 회장님께서는 "괜찮아. 자네가 따라올 필요는 없다"라고 하시며 밖으로 나가셨다. 나는 "그래도 제가….”라고 말하며 밖을 살펴보았고, 그때 호텔 경비원 두 명이 골목길 십여 미터 뒤에서 조심스레 모습을 드러내는 것을 발견했다. 그들이 경호를 담당할 것으로 생각하고 나는 안도의 마음으로 인사를 드렸다. 가게를 나선 후 두 분은 활기찬 발걸음으로 명동 쪽으로 향하셨다.

후에 경비원들의 보고를 들어보니, 쌀쌀한 날씨에도 불구하고 약 한 시간 정도 명동 거리를 걸으셨다고 한다. 그동안 가판대에서 무엇을 파는지, 일본 관광객들의 관심사는 무엇인지 등을 꼼꼼히 살펴보시며 즐겁게 순회하셨다고 한다. 회장님의 경영 철학은 '현장경영'이라는 한 단어로 압축된다. 그날의 경험은 이 철학을 다시 한번 목격하는 순간이었다. 회장님은 단순히 보고서나 회의실에 갇힌 경영자가 아니었다. 가장 작은 목소리에도 귀 기울이고, 자신의 두 눈으로 직접 현장을 확인하는 열정을 지니신 분이었다. 이러한 뜨거운 열정이 없었다면, 나 역시 그저 말로만 듣고 곧 잊어버렸을 것이다. "거기 가봤나?"라는 회장님의 질문은 단순한 말이 아닌, 회장님의 경영 철학을 집약한 어록이 되었다.

그렇다면 그 회사의 운명은 어떻게 되었을까? 미국과의 협상에서 우리는 사업 청산이라는 극단적인 카드를 꺼내 들었다. 이는 마치 전쟁터에서 퇴로를 차단하고 오직 전진만을 생각하는 배수진과도 같았다. 결과적으로 이 전략은 성공을 거두었고, 이를 통해 우리는 고객과 더욱 가까워질 수 있는 기회를 얻었다. "한국에서는 한국의 방법으로"라는 기본 원칙을 지킬 수 있게 된 것이다.

혹자는 회장님이 이 모든 상황을 알지 못했을 것으로 생각할지도 모른다. 그러나 그것은 큰 오산이다. 회장님은 이 모든 것을 거시적인 안목으로 바라보고 계셨다는 것을 그 후에 확인할 수 있었다.

후에 경비원들의 보고를 들어보니, 쌀쌀한 날씨에도 불구하고 약 한 시간 정도 명동 거리를 걸으셨다고 한다. 그동안 가판대에서 무엇을 파는지, 일본 관광객들의 관심사는 무엇인지 등을 꼼꼼히 살펴보시며 즐겁게 순회하셨다고 한다. 회장님의 경영 철학은 '현장경영'이라는 한 단어로 압축된다

엘리베이터에서
만난 회장님

최문철
롯데로지스틱스 전 대표이사

　　　　　　　2020년 1월 19일 신격호 회장님이 영면에 든 지 어느덧 4년의 세월이 흘렀다. 나는 70년대 초 화공 엔지니어로 시작해 충주비료, 호남석유화학(현 롯데케미칼의 전신), 롯데로지스틱스(현 롯데글로벌로지스틱스 전신) 등에서 근 40년을 근무하며, 그중 30여 년을 롯데그룹의 일원으로 보냈다. 그 긴 세월 동안 겪은 수많은 경험 중에서도 지금까지 생생히 기억나는 두 가지 에피소드를 꺼내보고자 한다.

　첫 번째 사례는 1980년대 초, 호남석유화학이 소공동 롯데백화점 빌딩 24층으로 이전했을 때의 일이다. 소공동 롯데백화점 빌딩

26층에는 롯데그룹 본부가 있었고, 백화점 건물 상층부에는 그룹사 이외의 여러 회사가 입주해 있어 출퇴근, 중식 시간 전후 시간대에는 엘리베이터가 좀 붐비는 상태였다. 당시만 해도 '엘리베이터걸'로 불리던 제복을 착용한 젊은 여자 근무자가 엘리베이터 안에서 층수를 조작하는 일을 해 주던 시기였다. 어느 날 오후, 중식 후 사무실로 돌아가기 위해 늘어선 긴 줄의 사람들과 함께 나도 앞사람 뒤꿈치만 보고 엘리베이터에 올랐다. 습관적으로 "24층이요"라고 말하며 운전 조작판을 바라보던 순간, 나는 깜짝 놀라고 말았다. 사진으로만 보았던 신격호 회장님이 직접 층수 버튼을 누르고 계셨기 때문이다. 엘리베이터 내부에서 어떤 정부 고관 2~3명이 회장님을 알아보고 인사를 건넸고, 회장님은 "몇 층 가십니까?"라고 답하셨다. 그 순간, 엘리베이터 안은 쥐 죽은 듯 조용해졌다.

 이 경험은 나에게 큰 충격과 깨달음을 주었다. 고위직이나 유명 인사들이 보통 "어흠"하는 헛기침으로 자신의 존재감을 드러내던 것과는 달리, 회장님의 겸손하고 배려 깊은 모습은 진정한 '주인의식'과 '고객사랑', 그리고 '타인에 대한 배려'가 무엇인지를 몸소 보여주셨다. 이 순간은 내 인생에 커다란 교훈이 되었고, 지금도 마치 동영상을 보는 듯 생생하게 기억에 남아있다.

 두 번째 사례는 롯데로지스틱스로 옮긴 후 얼마 되지 않아, 국내에서 대규모 물류 파업이 일어났을 때의 일이다. 현황 설명과 대책에 대한 보고 중, 회장님은 간단하지만, 강력한 지시를 내리셨다. "직접 현장에 가서 일을 처리하라." 나는 일주일 동안 센터의 아침 체조부터 서울-부산 간 수송, 그리고 배송 차량 운전까지 직접 참여했다. 이를 통해 예상보다 빠르게 문제를 파악하고 해결할 수 있었다.

이 경험을 통해 "현장에 가서 해결하라"는 회장님의 간단명료한 말씀의 깊은 의미를 온몸으로 체득할 수 있었다. 이후 '현장 중심'이라는 철학은 내 삶의 지침이 되어, 대과 없는 직장 생활을 이어갈 수 있었다고 확신한다.

신격호 회장님은 '주인 의식'을 몸소 실천하시는 분이었고, 와석에 새겨진 "거기 가 봤어?"라는 문구는 회장님의 경영철학을 잘 보여준다.

근현대 기업사에 큰 발자취를 남기신 신격호 회장님의 기업가 정신을 이어받은 유족과 롯데그룹 임직원들이 힘을 합쳐, 회장의 비전을 혁신적으로 달성하기를 진심으로 기원한다. 오늘의 회고를 마치며, 신격호 회장님의 유산이 앞으로도 롯데그룹과 한국 경제에 지속적인 영감과 지침이 되기를 바란다.

"현장에 가서 해결하라"는 회장님의 간단명료한 말씀의 깊은 의미를 온몸으로 체득할 수 있었다. 이후 '현장 중심'이라는 철학은 내 삶의 지침이 되어, 대과 없는 직장 생활을 이어갈 수 있었다고 확신한다.

정직, 품질, 현장:
롯데를 움직이다

유창호

한국후지필름 전 대표이사

        신격호 회장님과 롯데제과 유창순 회장님의 인연은 깊고 의미 있는 관계로 이어졌다. 유창순 회장님이 일본 동경 한국지점장으로 부임했을 때, 은행 자금난으로 인해 대출이 불가능하여 영업활동이 어려운 상황에 직면했다. 이때 신격호 회장님은 아무런 조건 없이 동경 한국은행 지점에 예금을 해 주셨고, 이를 통해 유창순 회장님은 대출이 가능해지면서 영업활동을 진행할 수 있게 되었다.

    한국 롯데제과 설립 당시, 신격호 회장님은 유창순 회장에게 대표이사 회장직을 제안하셨다. 처음에는 회사 경영 경험 부족을 이

유로 고사했지만, 신격호 회장님의 경영철학을 듣고 그 깊이에 감명받아 수락하게 되었다. 신격호 회장님이 전한 경영철학은 다음 세 가지로 정직, 품질 제일주의, 현장 확인 경영이었다.

첫째, 정직은 모든 삶의 바탕이 되는 가치라고 강조했다. 정도를 걸어야만 진정한 성공에 이를 수 있다는 신념은 유창순 회장님의 마음에 깊이 새겨졌다.

둘째, 품질 제일주의를 강조했다. 제품의 품질이 뒷받침되지 않는 허울뿐인 광고는 오히려 기업을 망하게 할 뿐이라는 통찰력 있는 조언이었다.

셋째, 현장 확인 경영의 중요성을 역설했다. 모든 문제의 핵심과 해답은 현장에 있으므로, 수시로 현장을 확인하고 직접 발로 뛰는 경영을 강조했다.

이러한 신격호 회장님의 경영철학은 단순한 기업 운영의 지침을 넘어 인생의 지혜로 승화되어, 유창순 회장님의 경영 전반에 깊은 영향을 미쳤다. 두 분의 만남은 단순한 사업적 관계를 넘어 서로의 가치관을 공유하고 존중하는 깊은 인연으로 발전했고, 이는 롯데그룹의 성공 신화를 만드는 밑거름이 되었다.

제과 경영 실적 회의에서의 일화가 있다. 정보영 사장이 제과를 맡고 계셨을 때의 일이다. 당시 회장님 업무보고는 체계적으로 진행되었다. 사장의 30~40분간 업무보고를 시작으로, 영업 임원들의 20분간 보고, 그리고 20~30분간 기타 사항으로 이어졌다. 특히 영업 임원들의 보고 시간은 현장의 생생한 목소리를 듣는 귀중한 시간이었다. 영업 동향과 주요 제품에 대한 날카로운 질문과 상세한 보고가 오갔다.

그러나 한 순간, 회의장의 분위기가 긴장감으로 가득 찼다. 내가 특정 품목의 매출 수치를 즉답하지 못하고 자료를 찾으려 하자, 신격호 회장님의 날카로운 지적이 이어졌다. "주요 제품은 일일 관리를 해야 하는데, 자료를 봐야 한다는 것은 일일 관리가 제대로 되어 있지 않은 것이 아닌가?" 그러시면서 "나에게 동경 롯데의 주요 품목 매출을 물어보라."라고 말씀하셨다. 회장님은 스스로 껌과 초콜릿 등 주요 품목을 말씀하시며, 전년도와 금년도의 매출을 비교하며 암기해 나가셨다. 이 모습을 지켜보면서 나는 얼굴이 빨개질 수밖에 없었고, 용서를 구하고 앞으로 더욱 노력하겠다고 다짐했다.

내가 그룹기조실 경영관리본부 신문화실장으로 근무하던 시절의 에피소드이다. 어느 날, 회장님은 중요한 업무에 대해 상세한 지시를 내리셨다. 회장님의 설명은 명확하고 구체적이었으며, 업무 방향과 처리 방법을 세세히 제시하셨다. 그러나 한국적 여건을 고려했을 때 발생할 수 있는 문제점을 우려한 나는 수정 방안을 조심스레 건의했다.

이에 회장님은 단호히 대응하셨다. "윗사람이 지시하면 그것을 실천하도록 방법을 연구하고 실행해야지, 그저 딴 의견을 제시하느냐? 그냥 그대로 해보라."라고 말씀하셨다.

그렇지만 나는 한국의 여건을 고려해 여러 어려움이 있을 것 같아 "만약 제가 실패하면 책임을 지고 물러나겠습니다"라고 말하자, 회장님은 역정을 내시며 "어떻게 물러나는 것이 책임을 지는 것이냐? 끝까지 그 일을 완수하는 것이 책임을 지는 것 아니냐?"라고 말씀을 하셨다. 그때 나는 "회장님! 제가 실수했습니다. 끝까지 해결하도록 책임지겠습니다."라고 말씀드렸다.

그러자 회장님께서 "자네의 의견대로 할 때 어떤 대책이 있느냐?"라고 물으셨는데, 나는 순간 당황하여 "살인, 사기, 도둑질만 빼고 모든 일을 하겠습니다"라는 다소 감정적인 대답을 하고 말았다.

회장님은 "그것은 자네의 일하는 자세이자 성취하겠다는 의지이지 구체적 방법을 제시해야 하지 않겠느냐?"라고 말씀하셨다. 그래서 나는 구상하고 있는 방법의 예에 대해서 간략하게 설명드리고 구체적인 자료를 만들어 보고하겠다고 설명드렸다. 결국 회장님은 나에게 구체적인 방법을 가져와서 이후에 보고하라고 하셨고, 회장님은 매일 오전 10시 30분경 일일 보고를 받으시며 진행 상황을 꼼꼼히 체크하였다. 그만큼 회장님은 철두철미하셨다.

결과적으로 회장님의 관심과 주위 분들의 도움으로 일이 성공적으로 마무리되었을 때, 회장님은 기쁨을 감추지 않았다. 보고 시 자리에 앉으라 하고, 커피를 함께 마시며 노고를 치하했다.

다음은 내가 호텔롯데 본부장 시절에 있었던 일화로, 신격호 회장님의 경영 철학과 현장 중심 리더십에 대해서 살펴볼 수 있다. 어느 날 아침, 전날 밤늦은 시간에 회장님이 호텔 최상층에서 최하층까지 당직 과장 한 명만을 대동하고 현장을 점검했다는 보고를 받았다. 며칠 후, 호텔 업무보고 중 회장님은 관리상의 문제점을 날카롭게 지적하고 개선 대책을 요구했다. 당시 나는 그룹 계열사 임원들과의 정기 회의로 인해 보고에 참석하지 못한 상태였는데, 회장님께서 "관리 총책임자가 없느냐?"라고 역정을 내고 계신 상황이라 나는 임원 회의를 빠져나와 회장님 보고 회의장으로 달려가야만 했다.

회장님의 "자네는 어디 어디를 현장 확인 해보았는가?"라는 질문에 아직 확인하지 못했다고 답하자, 회장님은 "어떻게 관리 총책임자가 아직 확인도 하지 않았단 말인가?"라며 강하게 질책하셨다.

이에 나는 회장님에게 용서를 구하고 회장님의 관리 철학을 이해하기 위해 임원들과 함께 회장님의 방식대로 현장을 점검하고 문제점을 파악해 개선 중이라고 설명했다. 그리고 회장님의 호텔 관리 철학을 세 가지로 요약해 문제점과 대책을 보고했다.

첫째, 화재 예방과 인명 피해 방지를 위한 완벽한 대비책.

"호텔롯데는 절대로 화재가 발생해서는 안 된다. 그런 대책을 세워야 하고 만약 만에 하나 화재가 발생해도 인명 피해는 절대로 발생해서는 안 된다는 것입니다. 그러자면 우선 피난통로가 완전히 확보되어야 하는데, 현상은 그것이 충분히 관리되지 않았습니다. 예를 들면 지하 3층 꽃방 앞에 큰 매출도 없는데도 불구하고 피난통로가 방해가 되도록 꽃상자가 놓여 있어 정말 잘못되었습니다. 앞으로 꽃방뿐만 아니라 모든 피난통로를 점검하고 관리하겠습니다."

둘째, 대규모 투자도 중요하지만, 작은 절감 노력의 중요성.

"회장님께서는 필요하면 수억 원의 투자도 해야 하겠지만 절감할 수 있을 때는 조그마한 것이라도 절감해야 한다고 말씀하셨는

회장님의 "자네는 어디 어디를 현장 확인 해보았는가?"라는 질문에 아직 확인하지 못했다고 답하자, 회장님은 "어떻게 관리 총책임자가 아직 확인도 하지 않았단 말인가?"라며 강하게 질책하셨다.

데 저희가 소홀히 한 사항이 있습니다. 예를 들면 지하 3층에 면세점 여직원 탈의실이 있는데 그곳은 출퇴근 시간만 점등이 필요한데도 24시간 전등이 켜져 있어 개선하여 그와 같은 사례가 없도록 관리하겠습니다." 어떻게 개선하고자 하는가라는 질문에 센서등을 설치해서 사람이 지나갈 때 켜지고 지나고 나면 자동으로 꺼지는 방법으로 관리하겠다고 대답하였다.

셋째, 작은 것의 중요성에 대한 인식.

"회장님께서는 늘 조그마한 것도 중요하니 소홀히 하지 말라! 조그마한 것이 모이면 큰 것이 된다라고 말씀하셨는데, 그간 식당 식후 과일 관리가 선입선출이 잘 되지 못했습니다. 그래서 새로 냉장고를 조사해서 정비하고 선입선출을 엄격하게 실시하며 저녁 퇴근 때 늦더라도 주방 청소를 철저히 한 후 퇴근토록 개선 조치하였습니다. 그 결과 고객의 반응이 매우 좋아 똑같은 업체의 납품과 일인데도 요즘 롯데가 과일이 맛이 좋은 제품으로 바뀌었다는 반응이었습니다".

앞으로 회장님의 경영철학을 준수하도록 노력하겠다고 말씀드렸더니 회장님께서는 "그래도 준수하다"라고 말씀하시면서 "자네는 회의 중에 왔다고 했지? 빨리 회의 들어가라."라고 하셨다. 이는 회장님의 엄격함 속에 숨겨진 따뜻한 배려를 보여주는 장면이었다. 신격호 회장님의 경영 철학과 현장 확인주의에는 고개가 숙이어지지 않을 수 없었다. 앞으로도 돌아가신 회장님의 경영철학을 이어받아, 롯데그룹의 무궁한 발전을 기원하며 회장님의 영전에 명복을 빌면서 극락왕생을 기도드립니다!

33년간 배운 현장 경영

주우환
세븐일레븐 전 대표이사

**존경하는 신격호 회장님과의
특별한 첫 만남(1982년)**

1979년, 롯데제과의 품질관리실에서 제안 담당 사원으로 롯데에서 첫발을 내디딘 나는 1982년 롯데그룹 사원 연구논문 콘테스트라는 기회를 통해서 신격호 회장님과 인연을 맺게 되었다. 그 시절 젊음의 열정으로 가득 찬 나는 영등포공장에서 담당하던 제안제도의 발전적 방향에 대한 논문을 제출해 최우수상의 영예를 안았다. 값진 부상과 함께, 롯데 그룹에서 회장님의 이름으로 발행된 제1호 표창장을 받는 영광까지 누렸다.

1979년, 롯데제과의 품질관리실에서 제안 담당 사원으로 롯데에서 첫발을 내디딘 나는 1982년 롯데그룹 사원 연구논문 콘테스트라는 기회를 통해서 신격호 회장님과 인연을 맺게 되었다.

그 순간의 감동과 설렘은 세월이 흘러도 생생하게 남아있다. 단순한 성과 인정을 넘어선 특별한 경험이었으며, 회장님의 깊은 관심과 따뜻한 격려는 나의 가슴속에 미래를 향한 꿈과 열정의 불씨를 더욱 뜨겁게 지피는 계기가 되었다. 수십 년의 세월이 흘렀지만, 그 논문집과 표창장은 여전히 나의 서재에서 가장 빛나는 자리를 차지하고 있다. 자랑스러운 가보로 소중히 간직되고 있으며, 이 물건들은 단순한 기념품 이상의 의미를 지닌다. 이는 끊임없이 배우고 성장해야 한다는 사명감의 상징이자, 롯데그룹의 발전을 위해 헌신하겠다는 결의의 증표였다.

롯데백화점 점장 시절,
신격호 회장님과 함께했던 추억들

롯데백화점 점장으로 재직하며 신격호 회장님과 나눈 수많은 만남은 시간이 흘러도 여전히 생생한 기억으로 남아있다. 오랜 시간이 흘렀지만, 회장님의 따뜻한 모습과 소중한 가르침은 마치 어제의 일처럼 선명하게 가슴에 새겨져 있다. 이제 그 추억의 편린들을 더듬어 회장님이 남긴 영향과 그로 인한 성장의 순간들을 되새겨 보고자 한다.

회장님은 인자한 리더십의 소유자셨다. 신격호 회장님은 결코 큰 소리를 내거나 강압적인 지시를 하지 않으셨다. 대신 조용하고 차분한 어조로 말씀하시며, 직원들에게 끊임없는 배움과 성장의 기회를 제공하셨다. 당시 다른 기업들에서 흔히 볼 수 있었던 갑작스러운 행동이나 무리한 요구와는 달리, 회장님은 항상 예측할 수 있는 행동과 인자한 태도로 직원들의 신뢰를 얻으셨다. 이러한 리더십 덕분에 나는 진심 어린 존경심을 가지고 회장님을 따르며, 온 힘을 다해 업무에 매진할 수 있었다.

또한, 회장님은 현장을 중시하는 리더십을 몸소 보여주셨다. 나는 영등포, 잠실, 부산 등 여러 롯데백화점의 점장을 역임하며, 2개월마다 한 번씩 회장님을 직접 안내하며 현장 업무를 수행했다. 회장님은 백화점을 방문할 때마다 꼼꼼하게 매장을 돌아보며, 직원들과 대화를 나누고 현장의 실태를 파악하셨다. 또한 백화점의 매출, 효율성, 신장률 등 다양한 지표에 깊은 관심을 보이며 예리한 질문을 던지셨다. 이를 통해 나는 모든 문제의 해답은 현장에 있다는 현장 중심 경영의 진수를 배울 수 있었다.

신격호 회장님은 직원들의 성장을 위해 끊임없는 격려와 조언을 아끼지 않으셨다. 부족한 부분을 예리하게 지적해 주시고, 더 나은 방안을 제시해 주셨으며, 회장님의 가르침은 어려움에 부닥쳤을 때 든든한 버팀목이 되어주었다. 이러한 회장의 가르침 덕분에 나는 후에 코리아세븐(세븐일레븐)의 대표이사직을 맡아 막중한 책임감과 자부심을 가지고 최선을 다할 수 있었다.

이제 존경하는 회장님을 추억하며, 특별히 기억에 남는 두 가지 일화를 들려주고자 한다. 이 일화들은 신격호 회장님의 리더십과 인품을 가장 잘 보여주는 순간들로, 회장님의 유산이 어떻게 롯데그룹과 우리 사회에 깊이 뿌리내리고 있는지를 생생히 증언해 줄 것이다.

영등포점에서의 일화(1997년)
— 회장님과의 첫 만남과 영원히 기억될 교훈

       1997년, 영등포점에서 처음 점장으로 발령받아 신격호 회장님을 모시는 영광을 얻었다. 아직 경험이 부족했던 나는 백화점을 꼼꼼히 순시하며 각 매장의 현황을 살펴보시는 회장님의 모습에 긴장감을 감출 수 없었다. 회장님은 매출, 효율성, 신장률 등 다양한 지표에 대해 날카로운 질문을 쏟아내셨고, 회장님의 통찰력 깊은 관심은 나를 압도했다.

 특히 기억에 남는 것은 영등포 백화점 건너편 맥도날드 매장의 매출에 대한 예상치 못한 질문이었다. 백화점 주변 상권에 대한 이해가 부족했던 나는 당황하지 않을 수 없었다. "죄송합니다. 아직 해당 정보를 파악하지 못했습니다."라는 나의 솔직한 답변에, 회장님은 점장이라는 직책의 중요성을 강조하셨다. "점장은 단순히 매장을 운영하는 사람이 아닌, 이 지역의 모든 것을 책임지는 최고의 리더여야 한다."라는 회장님의 말씀은 나의 가슴에 깊이 새겨졌다.

 회장님의 훈계는 나에게 새로운 시각을 열어주었다. 이후 나는 백화점 주변 상권에 대한 철저한 조사에 착수했고, 지역 인사들과 주변 사업자들과의 네트워킹에도 적극적으로 나섰다. 맥도날드 매장의 매출뿐만 아니라, 주변 상권의 트렌드, 경쟁 업체들의 동향까지 꼼꼼하게 파악하여 회장님께 상세히 보고드렸다.

회장님의 따뜻한 격려와 엄격한 지도는 나를 한 단계 더 성장시키는 원동력이 되었다. 영등포점에서의 이 일화는 회장님에 대한 나의 존경심과 감사함을 더욱 깊게 만들었으며, 담당 지역에 대한 책임감과 진정한 리더십의 의미를 깨닫게 해 준 소중한 경험이 되었다. 이는 단순한 업무 지식의 확장을 넘어, 진정한 리더로서 자질을 갖추는 데 결정적인 계기가 되었다.

잠실점에서의 일화(2001년)
— 소화기 사건과 회장님의 따뜻한 격려

2001년, 잠실점장으로서 영업을 책임지며 전관 리뉴얼을 진두지휘하고 있던 그때, 신격호 회장님의 직접적인 순시는 긴장감과 흥분을 동시에 안겨주었다. 특히 화재 안전에 깊은 관심을 가지고 계셨던 회장님은 리뉴얼 중이던 1층 잡화 판매장 공사 현장을 세심하게 살펴보셨다.

특히, 회장님은 사다리를 타고 천장에 올라가 주변을 둘러보신 후, 소화기를 가리키며 질문하셨다. "이 소화기를 쏘면 천장까지 닿을까?" 이 예상치 못한 질문에 당황스러움을 느꼈지만, 나는 망설임 없이 "네, 닿을 것입니다"라고 대답했다.

그러나 내면의 불안감은 쉽게 가라앉지 않았다. 1층 매장의 천

회장님은 현장을 중시하는 리더십을 몸소 보여주셨다. 회장님은 백화점을 방문할 때마다 꼼꼼하게 매장을 돌아보며, 직원들과 대화를 나누고 현장의 실태를 파악하셨다. 이를 통해 나는 모든 문제의 해답은 현장에 있다는 현장 중심 경영의 진수를 배울 수 있었다장 높이가 다른 층들에 비해 월등히 높았기 때문이다. 긴장된 마음으로 소화기를 작동시켰고, 다행히도 소화액은 간신히 천장에 닿았다. 진땀이 흘러내리는 그 순간, 회장님의 만족스러운 미소는 나에게 큰 안도감을 주었다. 소화액이 천장에 닿지 못했다면 어떤 결과가 있었을지, 아직도 그 생각만 하면 등골이 오싹해진다.

회장님의 따뜻한 격려와 깊은 관심은 소방 안전의 중요성을 다시 한번 절실히 깨닫게 해 주었다. 또한, 직접 현장에 나와 직원들을 격려하는 회장님의 모습은 회장님에 대한 존경심을 한층 더 깊게 만들었다.

이 일화는 잠실점장으로 근무하던 시절 가장 인상 깊은 추억 중 하나로 남아있으며, 회장님의 따뜻한 리더십과 현장 중심 경영철학을 몸소 체험할 수 있었던 소중한 경험이었다. 이를 통해 나는 진정한 리더의 모습과 안전에 대한 끊임없는 관심이 기업 경영에 얼마나 중요한지 깊이 깨달았다.

영원히 기억될 교훈과 감사함

오랜 세월이 흘러 이제 신격호 회장님의 모습을 되새기며 글을 마무리하는 이 순간, 가슴 깊은 곳에서 우러나오는 존경심과 뵙고 싶은 마음이 가득해진다. 회장님과 함께

했던 추억들은 단순한 기억을 넘어 값진 교훈과 영감의 원천이 되었다. 회장님의 따뜻한 리더십, 현장을 중시하는 경영철학, 그리고 끊임없는 성장을 추구하는 자세는 롯데의 리더로서 나아가야 할 방향을 명확히 제시해 주었다.

신격호 회장님은 단순한 상사를 넘어 훌륭한 스승이자 존경받는 선배였다. 회장님과 함께했던 모든 순간은 내 삶의 큰 축복이었으며, 그 시간은 내 인생의 가장 빛나는 순간들로 기억될 것이다.

신격호 회장님! 감사하고 존경합니다.

part

2

단디
하라

책임경영을
펼치다

자네는 고집이 좀 있지?

김용택
롯데중앙연구소 전 사장

1997년, 한국과 일본에서 자일리톨 껌의 동시 발매 이후 28년의 세월이 흘렀다. 당시 롯데제과의 마케팅 상무로서 실무를 총괄하던 나는, 이 제품이 국내 추잉검 시장의 규모를 두 배로 키운 폭발적인 인기 상품이었음을 생생히 기억한다. 발매 초기 회장님의 가르침을 받으며 느꼈던 일화를 돌아보고 싶다.

1996년, 자일리톨이 식품 원료로 승인받으면서 상품 기획이 본격화되었다. 한일 공동 마케팅을 위해 브랜드명을 '자일리톨'로 통일하기로 했지만, 한국에서 예상치 못한 난관에 봉착했다. '자일리톨'이 일반 원료명으로 간주되어 상표등록이 불가능했기 때문이다.

그러나 일본 측과의 협의 과정에서 놀라운 사실이 밝혀졌다. 일본 롯데는 1980년경, 자일리톨이 대중에게 널리 알려지기 전에 이미 회장님의 선견지명으로 상표등록을 완료하고 관리해 왔다는 것이다. 상표법상 일반명사라도 한 기업이 장기간 독점적으로 사용하고 관리했다면 고유 상표로 인정받을 수 있다.

1980년경, 신입 연구원이었던 나 역시 자일리톨 원료로 시제품을 만들어본 경험이 있었다. 당시 설탕 껌보다 청량감 있고 맛있어 관심을 가졌으나, 국내에서 식품 원료로 등록되지 않아 상품화할 수 없다는 보고서를 제출하고 그 일을 잊고 있었다. 그러나 회장님은 그 시기에 선견지명을 가지고 상표등록과 관리를 지시하셨다는 사실에 경외감을 금할 수 없었다.

한국에서는 브랜드 관리 대책이 시급한 상황이었다. '자일리톨'이라는 상표명은 이미 결정된 사항이라 변경할 수 없었기에, 대안으로 포장 디자인의 의장등록에 초점을 맞추어 시리즈로 개발하고 등록을 완료했다. 예상대로 자일리톨 껌이 인기를 얻자, A사와 B사도 동일한 이름으로 유사 제품을 출시했다. 다행히 B사의 경우 포장 타입과 디자인이 완전히 달라 품질로 경쟁하기로 방향을 잡았다.

그러나 A사의 포장 디자인은 우리 제품과 매우 흡사해 일견 구분이 어려울 정도였다. 관련 부서가 모여 대책을 논의한 끝에, 디자인 사용 중지 가처분 신청을 법원에 제출하여 생산을 중단시키는 방안을 세우기로 하고 제소했다. 약 2주 후, "A사는 현재 사용 중인 포장 디자인의 생산을 중지하고 시장에 유통 중인 제품을 수거 폐기하라"는 판결을 받아냈다.

마침 회장님과의 보고 회의가 있어 이 내용을 보고드리며, A사로 하여금 모든 제품을 수거 폐기하도록 하겠다고 말씀드렸다. 회장님께서 강경한 대응을 지시하실 것이라 예상했으나, 뜻밖의 말씀을 하셨다.

"동업자 간에 그렇게 하는 것이 아니다. 품질과 실력으로 소비자의 인정을 받아야지, 상대의 실수를 이용해 경쟁자를 몰아내려는 생각을 해서는 안 된다. 이미 인쇄된 포장재까지만 생산, 판매하고 그 이후로는 중지하도록 통보하라."

회장님의 이 말씀은 동업자 간의 윤리를 강조하시는 것은 물론, 경쟁사의 인쇄물 폐기에 따른 경제적 손실까지 헤아리는 넓은 아량을 보여주는 것이었다. 이를 통해 나는 또 한 번 참교육을 받았다.

어느 날, 오랫동안 고전하던 B사가 마침내 큰 행보를 보였다. 모든 신문 매체(일간, 경제, 스포츠)에 전면 광고를 게재한 것이다. B사의 자일리톨 껌이 '100% 발효공법으로 만든 껌'이라는 주장과 함께 우리 제품을 비방하는 내용이 담겨 있었다. 그러나 이는 헤드카피부터가 현실과 동떨어진 주장이었다. 발효공법으로 제조된 추잉검은 지구상에 존재하지 않기 때문이다.

이러한 대대적인 도발에 대응하기 위해 긴급한 대책 마련이 필요했다. 관련 부서 회의를 소집하여 광고 내용을 면밀히 분석하고,

내부 사원 교육 자료 제작, 대외 홍보 자료 준비, 대응 광고 방안 수립, 그리고 법원에 허위·비방 광고 가처분 신청 등 다양한 방안을 논의하던 중이었다. 그때 비서실로부터 긴급한 호출 전갈이 왔다.

사장과 함께 회장실로 향했을 때, 탁자 위에는 이미 문제의 신문 광고가 놓여 있었다. 회장님의 표정에서 자존심이 크게 상하신 것이 역력히 느껴졌다. B사 광고에 대한 대응 방안을 물으시기에, 준비된 대책을 상세히 보고드렸다.

화학공학을 전공하신 회장님께서는 자일리톨의 제조 공정과 원료 소스에 대해 깊이 있는 이해를 보여주셨다. 롯데의 핀란드산 자작나무 자일리톨과 B사의 중국산 옥수숫대 자일리톨을 비교하시며, 그 차이점을 명확히 짚어내셨다. 광고 내용을 하나씩 분석하시면서, 그 안의 논리적 허구를 실무자인 나보다도 더 정확하게 파악하고 계셨다.

B사의 거짓 내용과 우리 제품의 우수성을 소비자에게 상세히 알리자고 하시며 "내일 보자."라고 하셨다. 다음 날, 대표이사와 함께 광고 시안을 보고드리러 갔다. 회장님께서는 대체로 만족하시며 신속한 집행을 지시하셨다. 사실 보고 전에 대표이사께 광고를 가처분 선고 이후로 집행할 것을 제안한 상태였다. 통상적으로 광고는 독자의 5% 미만만이 관심을 두고, TV 광고는 6회 정도 반복 시청해야 소비자가 인지한다는 통계가 있었다. 우리의 반박 광고와 B사의 지속적인 광고가 반복되면 언론의 주목을 받게 되고, 양사의 광고전 내용이 기사화되면 이슈가 확대될 것이 자명했다. 그렇게 되면 사실 여부와 관계없이 자일리톨 자체가 의혹의 대상

이 되고, 결국 손해를 보는 것은 롯데뿐이라고 판단했고 대표이사도 이에 동의했다. 대신 B사 광고의 문제점을 영업사원 교육 교재로 만들어 교육하고, 이를 B사로 흘러 들어가게 하여 추가 광고를 견제하기로 했다.

"그런데요, 회장님. 광고를 당분간 보류하도록 해 주시면 좋겠습니다."

잠시 침묵이 흘렀다. 회장님께서 엷은 미소를 띠며 나를 바라보시는 그 순간을 잊을 수 없다. 속으로 '이크, 내가 잘못 말씀드렸나? 회장이 하자는 데 자네는 안 하겠다는 건가?'라고 말씀하시는 것 같아 등에 식은땀이 흘렀다.

"이유가 뭔가?"

사유를 상세히 설명드렸다. 대표이사께서 "가처분 신청 판단이 열흘 안에 나올 텐데 그때까지만 보류하도록 해 주십시오"라고 부연 설명드렸다.

"음, 알았어. 그리하도록 하시오."

나는 내 의견을 수용해 주신 것보다, 실무자의 의견을 경청하고 판단하시는 회장님의 냉철함에 깊이 감동하였다. 열흘 후, 법원에 제출한 광고 금지 가처분 신청이 인정되어 B사와의 분쟁은 일단락되었다. 이후 회장님의 지시에 따라 우리 제품의 우수성만을 알리는 광고가 대대적으로 집행되었다.

몇 년 후, 롯데 중앙연구소 대표이사로 임명되어 첫 보고 시에 "중책을 믿고 맡겨 주셔서 감사합니다. 소비자가 찾는 안전하고

화학공학을 전공하신 회장님께서는 자일리톨의 제조 공정과 원료 소스에 대해 깊이 있는 이해를 보여주셨다. 롯데의 핀란드산 자작나무 자일리톨과 B사의 중국산 옥수숫대 자일리톨을 비교하시며, 그 차이점을 명확히 짚어내셨다. (핀란드 자작나무와 AI가 생성한 상상의 자일리톨밭)

좋은 제품을 만들어 보답하겠습니다"라고 말씀드렸다. 그러자 회장님께서는 "자네는 고집이 좀 있지?"라며 미소 지으셨다.

"우리가 일등인가?"
신격호의 혁신 DNA

김창규
케이피케미칼 전 대표이사

IMF 위기 속 롯데, 석유화학 현장에서 배운 기업 리더십의 중요성

반세기에 걸친 석유화학 분야의 여정은 내게 깊은 통찰을 안겨주었다. 1978년 호남석유화학(롯데케미칼 전신) 여수공장에서 첫발을 내디뎌 2013년 롯데 첨단소재 여수공장의 협력업체 하이퍼켐에서 마지막 장을 펼치기까지, 나의 삶은 한국 산업의 성장과 궤를 같이했다. 미국에서의 화학공학 박사 학위 취득과 서울대학교 공과대학 화학생물공학부 객원교수 시절을 제외하면, 내 커리어는 롯데그룹의 롯데케미칼과 현대그룹의 현대석유화학에서 대부분을 차지했다.

비록 신격호 회장님과 정주영 회장님을 직접 볼 기회는 거의 없었지만, 그분들의 경영철학은 주변의 수많은 일화를 통해 나에게 깊이 새겨졌다. 신격호 회장님의 외유내강(外柔內剛)과 정주영 회장님의 "이봐 해 봤어?"로 대변되는 추진력은 각자의 특징이었지만, 근검절약과 성실성이라는 공통된 덕목은 두 거인을 똑같이 빛나게 했다.

당시 재계에서는 신격호 회장님의 치밀함이 유명해 "롯데그룹과는 경쟁하지 말라."는 말이 회자되었다. 이는 회장님의 경영 철학과 밀접하게 연관되어 있었다. 내실 경영 강화, 치밀한 조사와 분석에 기반한 신중한 접근, 철저한 리스크와 투자 관리, 그리고 현장 중심의 경영 방식은 신격호 회장님의 트레이드마크와도 같았다. 이러한 원칙들은 단순한 구호가 아닌, 롯데그룹의 DNA로 깊이 뿌리내려 있었다.

내가 직접 경험한 호남석유화학의 현대석유화학 인수 과정은 신격호 회장님의 경영철학이 빛을 발한 순간이었다. IMF 외환위기의 폭풍 속에서, 대산석유화학단지의 제2공장 설립 후 운영자금 부족으로 신음하던 현대석유화학의 모습은 당시 한국 경제의 축소판과도 같았다.

그러나, 신격호 회장님의 내실 경영철학은 롯데그룹을 위기에 강한 기업으로 만들었다. 평소 자본 차입 없이 건실한 경영을 통해 축적한 여유 자금은 국가적 위기 상황을 기회로 전환하는 원동력

호남석유화학(현 롯데케미칼)을 이끄는 인재들의 면면 또한 신격호 회장님의 경영철학을 반영했다. 재무 전문가보다는 기술적 실무에 능한 전문가들이 주축을 이루었고, 이는 현대석유화학 직원들이 호남석유화학을 선호하게 만든 요인이 되었다. 이렇게 실력과 전문성을 중시하는 롯데의 기업 문화는 위기의 순간에도 빛을 발한 것이다.

이 되었다. 롯데그룹의 이러한 재무적 안정성은 외부 간섭을 최소화하고자 하는 신격호 회장님의 의지와 맞물려, 주식 상장을 꺼리는 독특한 기업 문화를 형성했다. IMF 외환위기의 어려운 상황 속에서도 롯데그룹은 내실 경영을 바탕으로 안정적인 운영을 유지하며, 호남석유화학이 현대석유화학을 인수할 수 있는 기회를 얻게 되었다.

호남석유화학을 이끄는 인재들의 면면 또한 신격호 회장님의 경영철학을 반영했다. 재무 전문가보다는 기술적 실무에 능한 전문가들이 주축을 이루었고, 이는 현대석유화학 직원들이 호남석유화학을 선호하게 만든 요인이 되었다. 이렇게 실력과 전문성을 중시하는 롯데의 기업 문화는 위기의 순간에도 빛을 발한 것이다.

그러나 현대석유화학의 고통스러운 모습은 지금도 생생한 기억으로 남아있다. 자금난으로 인해 형제 회사인 현대정유마저 나프타 공급을 위한 파이프라인을 차단해야 했고, 대산만에는 하역을 하지 못해 체선료를 내며 하염없이 정착해 있는 선박들의 모습이 나의 가슴을 아프게 했다. 임원회의실 창문을 통해 이 광경을 보며, 나는 한 기업의 운명이 얼마나 쉽게 뒤바뀔 수 있는지를 절감했다. 한 그룹을 이끌어 가는 책임자의 철학에 의한 영향도 지대하다 할 수 있다. 신격호 회장님의 선견지명과 내실 경영은 국가적 위기 속에서도 롯데그룹이 흔들리지 않고 오히려 성장의 기회를 잡을 수 있게 했다.

신격호 회장님의 독서 철학,
롯데를 탄생시킨 원동력

신격호 회장님께서는 독서를 매우 즐기셨다고 한다. 젊은 시절 읽은 괴테의 '젊은 베르테르의 슬픔'에 등장하는 샤롯데에서 영감을 받아 '롯데'라는 회사명을 탄생시킨 일화, 롯데월드타워 잔디 광장 월드파크에 세워진 괴테의 동상, 그리고 롯데월드 민속박물관 입구에 마련되어 피천득의 '인연'에 나오는 여인 '아사코'를 즐길 수 있는 피천득 기념관을 보면 신격호 회장님이 문학을 통한 삶의 목표와 여유를 찾으신 독서를 하신 것 같다. 또한 항상 책을 곁에 두셨다 하심은 독서를 습관화하신 것 같다. 독서를 통해 알게 된 샤롯데를 머릿속으로만 좋아하지 않고 롯데라는 회사의 설립을 통해 이를 실현하신 것은 독서를 통한 앎을 함으로 실천, 삶에 이바지하신 것이다. 이것이 책 읽는 경영인 신격호 회장님께서 후배들에게 남겨 주시는 커다란 메시지일 것이다. 책의 민족 유대인들이 오랜 디아스포라 속에서도 생존하여 세계 경제를 주도할 수 있었던 근본적인 힘 역시 독서에 있었다. 신격호 회장님의 이러한 면모는 괴테의 "내가 하는 것, 꿈꾸는 것은 모두 이룰 수 있으니, 일단 시작하라. 대담함에는 천재성과 힘과 마력이 들어있다."라는 명언과 팻 맥라건의 "바보는 항상 결심만 한다."라는 격언을 떠올리게 한다. 회장님의 삶은 우리에게 독서가 단순히 머리로 하는 활동이 아니라, 몸으로 실천하며 시간을 지배해 나가는 과정임을 일깨워준다. 마치 주말 교회에 가는 것이나

신격호 회장님께서는 독서를 매우 즐기셨다고 한다. 젊은 시절 읽은 괴테의 '젊은 베르테르의 슬픔'에 등장하는 샤롯데에서 영감을 받아 '롯데'라는 회사명을 탄생시킨 일화, 롯데월드타워 잔디 광장 월드파크에 세워진 괴테의 동상을 보면 신격호 회장님이 문학을 통한 삶의 목표와 여유를 찾으신 독서를 하신 것 같다.

건강을 위해 운동을 하는 것처럼, 어릴 때부터 꾸준히 키워나가야 할 습관이다.

"우리가 일등인가?"
신격호의 혁신 DNA

연구소를 포함한 회사 경영 현황 및 실적 보고 때 가장 많이 하신 회장님의 질문은 '우리가 일등인가?'였다고 한다. 브랜드 일등상품, 차별화 제품 개발 등에 대한 회장님의 날카로운 지적과 질책은 보고자들을 당혹게 했다.

내가 롯데케미칼 대덕연구소장으로 재직할 당시, 회장님 보고를 준비하기 위해 회장님께 가장 많은 보고를 한 롯데제과 연구소를 방문하여 조언을 구한 일은 지금도 생생하게 기억난다. 그들은 롯데제과 연구소의 보고서를 참고하는 것은 불가능하다고 했다. 그 이유는 회장님의 질문이 너무나 세부적이고, 때로는 과거의 질문을 기억하고 다시 되풀이하여, 보고서의 두께가 갈수록 두꺼워졌기 때문에 참고를 할 수 없을 정도라고 했다.

예를 들어, 제품 생산에 사용되는 우유나 물의 브랜드와 그 시장 점유율까지 확인하시며, 반드시 일등 제품을 사용하라고 지시하셨다는 일화는 신격호 회장님의 세심함과 완벽주의를 잘 보여준다. 이러한 꼼꼼한 접근은 호남석유화학 연구소 보고에서도 예외가 아니었다.

특히 경쟁사와의 비교에서 뒤처진 부분에 대해서는 날카로운 지적과 질책이 이어졌다. LG화학과 비교해 연구원 수가 몇 배 차이가 나는 부분을 지적하시며 해당 기업 수준으로 보완을 지시하셨는데 다음 보고에 현재보다 2배 수준으로 확충하는 계획을 보고했다가 커다란 질책을 당했다. 이는 단순한 질책이 아닌, 롯데그룹의 연구 역량을 세계적 수준으로 끌어올리고자 하는 회장님의 강한 의지의 표현이었다. 현재도 대덕연구소를 증설하고, 미북 연구소도 개설하여 연구원 수와 규모가 크게 확충되었지만, LG화학 연구원과는 비교할 수 없다. 그러나 회장님의 의지로 경쟁력을 유지할 수 있는 것은 그나마 다행이다.

호남석유화학의 차별화 제품과 일등 제품 개발, 그에 따른 시장 점유율과 경영실적에 미치는 영향에 대한 깊이 있는 질의와 지시는 회장님의 핵심 역량 강화와 인재 양성, 그리고 내실 있는 경영에 대한 강한 의지를 보여주는 것이었다.

최소 2개월에 1회씩 이루어진 대표이사의 경영 현황 직접 보고는 단순한 루틴이 아니었다. 이는 항상 경영에 대해 정확히 파악하고, 실적 향상을 위한 대책을 수립하도록 하는 긴장감 조성의 장치였다.

경영인 신격호,
조국을 향한 뜨거운 마음

　　　　　　　　　　KP케미칼 대표이사 시절, 회장님께 경영 현황을 보고하던 그날은 아직도 기억난다. 파키스탄 자회사 LCPL의 주력 사업이었던 PTA(고순도 테레프탈산 Purified Terephthalic Acid를 뜻하며 섬유 기초원료) 생산에 관한 보고 중, 예기치 않은 순간에 회장님의 인간적인 면모를 목격하게 되었다.

　일반적으로 폴리에스터는 천연섬유 면화와 혼합하여 일명 혼방을 제조하기 때문에 면화의 작황이 폴리에스터와 PTA 실적과 직결된다. 세계 면화 주요 재배국 중 하나인 파키스탄의 홍수로 인한 면화 작황 부진과 그로 인한 PTA 수요 급증에 따른 가격 상승, 그리고 그에 따른 이익 증대를 보고했다. 그 순간, '면화'라는 단어가 회장님의 오래된 기억을 깨우는 촉매제가 되었다. 신격호 회장님은 일제시대의 면화 재배의 어려웠던 경험을 말씀하시면서 현재 한국에서도 재배하는지 등을 물으셨고, 아련히 옛 기억을 더듬는 표정에서 조국에 대한 사랑이 스며 나오셨다.

　경영 보고 중 던지시는 날카로운 질문들 사이로 불현듯 드러난 회장님의 인간적인 면모는 나에게 감동을 주었다. 평생을 '샤롯데'를 사랑했던 것처럼, 참으로 조국을 사랑하는 따뜻한 마음의 소유자임을 알 수 있었다.

얍삽하게 하지 말라

김정달
전 롯데인재개발원장

1978년, 서울의 심장부 소공동에 있는 롯데호텔과 롯데백화점의 개관을 위한 막바지 공사가 한창이던 그 시절, 나는 입사 3년 차 인사과 계장으로 분주한 나날을 보내고 있었다. 당시 롯데호텔과 롯데백화점은 국내 최초의 철골조립 공사로, 38층의 웅장한 높이를 자랑하며 서울 시내에서 가장 높은 건물로 우뚝 솟아 있었다. 최신식 호텔과 백화점의 건립이라는 야심 찬 프로젝트는 온 도시의 이목을 집중시키고 있었다.

인사과에서는 개관을 앞두고 요원 확보를 위한 충원 작업이 한창이었다. 쏟아지는 이력서를 분류하고 면접을 진행하느라 연일

야근이 이어졌다. 그 바쁜 와중에도 1978년도 임금 인상안을 결정해야 할 시기가 다가왔다. 임금 결정은 신격호 회장님의 재가가 필요한 중대 사항이었다.

당시 회장님은 일본에서 한국으로 출장을 오셔서 남산 초입의 도큐호텔에 체류하고 계셨다. 보고 일정이 정해지면 임원과 담당 간부가 브리핑하러 가는 것이 관례였다. 그러나 운명의 장난인지, 보고 일정이 잡힌 그날 인사과장은 공석이었고 부장은 출장 중이었다. 이 예기치 못한 상황으로 인해, 어쩔 수 없이 박00 이사와 실무자인 내가 보고를 맡게 되었다. 관리 이사께서 "이 일은 실무자인 자네가 잘 알고 있으니, 자네가 직접 보고하게."라고 말씀하신 것이다.

회장님을 가까이서 처음 뵙던 그날, 내 마음은 떨림과 영광스러움이 교차하는 복잡한 감정으로 가득 찼다. 50대 후반의 연세였던 회장님은 젊고 핸섬한 첫인상으로 나를 맞이하셨고, 조용하고 천천히 말씀을 이어가셨다. 다행히 임금 인상안은 무사히 재가받았고, 나는 용기를 내어 당시 채용 과정에서 겪고 있던 어려움을 조심스레 건의드렸다. 경쟁사인 S사가 상여금 600%를 지급하는 반면, 롯데는 400%를 지급하고 있어 총액으로는 큰 차이가 없음에도 불구하고 홍보 측면에서 불리하게 작용하고 있음을 설명드렸다. 그리고 나는 조심스레 제안했다. "우리도 상여금 600%라고 홍보하고 기본급 기준이라고 하면 어떨까요?"

그 순간, 회장님의 날카로운 시선이 나를 향했다.

"얍삽하게 하지 말라."

'얍삽하다'는 속되게 얕은꾀를 쓰면서 자신의 이익만을 챙기려는 태도라고 국어사전에 설명하고 있으며 비슷한 말로 '교활하다'이다. 즉 나의 건의는 내용상의 실질적인 변화는 없으면서 얄팍하고 얕은꾀로 보셨던 게 아닌가?

그때 그 시절, 뭘 모르던 때였음에도 수많은 응시자를 면접했고 선별해서 합격 불합격을 판정하였다. 무릇 인사업무란 눈에 보이지 않는 기준에 의해 판단했지만 나는 항상 스스로에게 물었다. '얍삽하지 않고 옳게 하고 있는가?'

때로는 일주일 내내 면접 절차를 치르기도 했다. 면접을 보러 오는 지원자들도 긴장되겠지만, 연일 계속되는 면접으로 나 역시 몸살을 앓고는 했다. 그것은 육체적인 중노동보다도 더 힘든 일과였고, 그만큼 신경이 곤두서는 일이었다. 하지만 그 모든 과정에서 나는 회장님의 말씀을 가슴에 새기며, 공정하고 정직한 판단을 하려 노력했다. 호텔 개관 전 입사자 몇 분과는 60년 가까운 세월이 지난 지금에도 일 년에 여러 번 안부 전화를 하거나 만나는 이가 있다. 물론 직업윤리상, 면접 과정 때 내가 고민했던 옛날이야기를 하지 않지만.

이제 퇴임한 지금, 나는 종종 그 시절의 일들을 되짚어보며 깊은 사색에 잠긴다. '얍삽하지 않고 옳게 한다'라고 믿었던 일들이, 돌이켜보면 잘못했거나, 실수로 여겨지는 일들이 한둘이 아니다. 당시에 중요하다고 여겼던 일들이 지금은 그리 중요하지 않게 여겨지고, 반대로 대수롭지 않게 여겼던 사실들이 엄청난 중요성을 띠게 생각되었다. 나의 가치 기준의 변화도 절실히 체감한다. 지금의 당시 롯데호텔과 롯데백화점은 국내 최초의 철골조립 공사로, 38층의 웅장한 높이를 자랑하며 서울 시내에서 가장 높은 건물로 우뚝 솟아 있었다.

안목과 판단 기준을 그때 가졌더라면 얼마나 좋았을까? 하는 아쉬움이 밀려오지만, 동시에 그것이 불가능했음을 인정하는 것 또한 삶의 지혜일 것이다.

그러나 변하지 않는 진리들도 있다. 인사업무의 중요성과 그 난해함, '열 길 물속은 알아도 사람 속은 알 수 없다'라는 옛 격언의 의미를 더욱 깊이 이해하게 된다. 새로운 시각으로 바라보면, 사람들 각자가 지닌 무한한 잠재력과 가능성이 얼마나 놀라운 것인지를 깨닫게 된다. 이는 마치 오래된 보석을 새롭게 연마하여 그 진가를 발견하는 것과 같다.

이젠 어쩌랴, 세월이 때가 흘러가 버린 것을. 그래도 믿어야지. 훌륭한 후배들이 더 나은 롯데, 세계 속의 롯데로 키워줄 것이라고. 그래도 지켜야지. 不問이면 不聞(물어보지 않으면 들을 수 없다) 묻지 않는 일에 늙은이가 나서지 말라.

"더 노력해서 살리도록 해"

손일권
부산롯데호텔 전 대표이사

나는 롯데그룹에서의 롯데건설을 시작으로 알미늄, 호텔 등 다양한 분야를 아우르며 업무를 수행했다. 이 과정에서 나는 한국과 일본 경제사에 커다란 발자취를 남긴 거목, 故 신격호 회장님을 모시고 일할 수 있는 영광을 누렸다. 회장님이 연관된 경험들은 회장님의 거대한 영향력을 직접 체감할 수 있는 소중한 기회였다. 이 글을 통해 회장님에 대한 강렬한 기억과 그로부터 얻은 값진 교훈들을 다시 한번 되새겨보고자 한다.

첫 번째, 가장 선명하게 남아있는 기억은 회장님의 환한 미소를 처음으로 봤던 때다. 그 순간은 마치 어제 일처럼 생생하다.

1980년대 후반, 노태우 전 대통령 정권 시절의 일이었다. 당시 정부는 심각한 주택 부족 문제를 해결하고자 30만 호(수도권 6개 신도시 현장 포함) 아파트 공급이라는 대규모 국가 프로젝트를 발표했다. 건국 이래 최대 규모의 이 국책사업은 전례 없는 도전이었고, 곧 모든 건설 자재의 국내 공급이 고갈되는 상황에 직면했다. 우리는 아시아 주변국은 물론, 지구 반대편 브라질, 칠레에 이르기까지 세계 곳곳에서 자재를 수입해야 했다. 그런데도 자재 수급에 어려움을 겪은 대부분의 건설사는 공사 일정에 차질을 빚어 과징금 부담이라는 위기에 처했다.

하지만 이런 험난한 여건 속에서도 롯데건설은 모든 역량을 총동원해 6개 신도시 건설 현장에서 자재를 공기에 맞춰 차질 없이 수급했고, 공사 단가도 타 업체들에 비해 가장 저렴하게 진행할 수 있었다. 회장님께 정기 보고하는 자리에서, 나는 당시의 상황과 우리의 업무 성과를 상세히 설명드렸다. 보고를 마친 후, 회장님께서는 평균 건설단가를 물으셨고, 나는 순 골조 공사 단가만 평당 약 70만 원 정도라고 답변드렸다. 그러자 회장님은 일본 엔화로 환산하면 얼마인지 되물으셨고, 약 7만 엔 정도라고 말씀드렸다.

그 순간, 회장님의 표정이 밝아지셨다. 의자에 기대신 채 환한 미소를 지으시며 "그렇게 싸게 지을 수 있어?"라고 말씀하시는 모습에서, 우리의 노력을 인정해 주시는 듯했다. 그 자리에 함께했던 담당 임원이었던 나를 비롯해 부회장님, 사장님, 그리고 모든 참석자는 그간의 업무 성과에 대한 보람과 뿌듯함을 한껏 느낄 수 있었다. 오랜 기간 2개월마다 정기 보고를 드리는 자리가 있었지만, 회

1980년대 후반, 노태우 전 대통령 정권 시절의 일이었다. 당시 정부는 심각한 주택 부족 문제를 해결하고자 30만 호(수도권 6개 신도시 현장 포함) 아파트 공급이라는 대규모 국가 프로젝트를 발표했다. 험난한 여건 속에서도 롯데건설은 모든 역량을 총동원해 6개 신도시 건설 현장에서 자재를 공기에 맞춰 차질 없이 수급했고, 공사 단가도 타 업체들에 비해 가장 저렴하게 진행할 수 있었다.

장님께서 이렇게 즐거운 웃음을 지으시는 모습은 처음이었다. 그래서 이 순간이 더욱 특별하게 내 기억 속에 새겨진 것 같다. 회장님의 그 미소는 우리의 노고를 인정해 주시는 무언의 찬사였고, 앞으로도 더 나은 성과를 이뤄내라는 격려의 메시지였다.

두 번째로, 일본에서의 성공을 바탕으로 한국에 돌아와 롯데 그룹을 거대 기업으로 성장시킨 회장님의 도전 정신과 경영에 대한 열정을 직접 볼 수 있었던 일화가 있다.

80년대 중반, 롯데건설은 정부의 건의로 부도 위기에 처한 평화건설을 인수하게 되었다. 당시 남덕우 재무부 장관 재직 시기였다. 하지만 이미 평화건설은 국내외 건설 현장에서 엄청난 손실을 보고 있었고, 롯데건설은 눈덩이처럼 불어난 적자와 부실 프로젝트들을 모두 떠안게 되었다. 결과적으로 롯데건설은 감당하기 힘든 높은 금융 비용으로 인해 심각한 위기에 직면하게 되었다.

높은 금리와 더불어 추가 자금 조달마저 어려워진 상황에서, 롯데건설은 심각한 재정적 위기에 봉착했다. 모든 임직원은 자구책의 일환으로 원가 절감과 운영 지출을 최소화하고, 임원들의 보너스는 물론 급여까지 삭감하는 등 온갖 방법을 동원했지만 역부족이었다. 상황이 좀처럼 나아지지 않자, 일부 직원들은 "건설은 이제 끝났다."라며 회사를 떠나거나 떠나기를 희망하는 분위기가 만연했다.

이러한 절체절명의 순간, 고민 끝에 당시 이상순 사장님께서 회장님께 건의를 올렸다. 이대로 가다가는 롯데건설뿐만 아니라 롯데그룹 전체에까지 큰 문제가 발생할 수 있을 것 같아 롯데건설을 정리하는 것이 어떨지 조심스럽게 여쭈었다. 그러나 회장님의 반응은 우리의 예상을 완전히 뒤엎었다. 회장님은 단호하게 말씀하셨다. "내가 그동안 일본에서도 어려움이 많았고 힘든 회사도 있었지만, 한번 인수했거나 경영하기로 마음먹은 회사는 절대로 정리한 일이 없이 계속 노력해서 어떻게 해서든 다 성공시켰다. 그러니 지금보다 더 노력해서 살리도록 해." 그리고 이어서 "일본 롯데그룹에서 또 내가 도울 수 있는 방향도 검토해 보겠다"라고 덧붙이셨다.

우리는 모두 큰 역정을 내실 것으로 예상하고 걱정하고 있었다. 그러나 예상과는 달리, 회장님은 오히려 해결 방안을 제시해 주시고 용기를 주시며 격려의 말씀까지 해 주셨다. 이 말씀을 듣는 순간, 우리 모두의 가슴에 희망의 불씨가 다시 타오르기 시작했다. 그 후, 회장님의 말씀대로 일본 롯데그룹을 통해 세 차례에 걸쳐 차관이 들어왔고, 상황은 점차 호전되었다. 롯데건설은 위기를 극복하고 한때 한국 건설회사 중 6위의 자리까지 성장하게 되었으며, 명실상부한 10대 대형 건설사로 자리매김할 수 있는 탄탄한 기반을 마련하게 되었다. 당장 어렵고 적자라는 이유로 정리하는 통상적 의사결정이 아닌 먼 앞날을 바라보는 통찰력과 자신의 신념을 절대 포기하지 않는 경영철학과 그 큰 그릇을 느낄 수 있었던 일이 아니었나 싶다.

마지막으로, 1995년 롯데알미늄 대표이사로 부임하면서 겪었던 일화가 있다.

발령 전, 회장님께서는 나에게 여러 질문을 던지신 후 "롯데알미늄에 가서 열심히 경영관리를 잘하여 흑자를 내도록 하라"고 지시하셨다. 나는 30년 넘게 건설회사에서만 근무한 엔지니어 출신으로, 건설에 관해서는 자신이 있었지만, 알미늄에 관해서는 문외한이었다. 회사에 누를 끼칠까 염려된다고 솔직히 말씀드리자, 회장님은 "남자가 모르는 일도 해봐야 진정한 전문가가 되지, 아는 것만 하면 누가 못하겠느냐"고 답하셨다. 이어서 롯데알미늄은 1966년 롯데그룹이 한국에 처음 투자한 회사이며, 창립 이래 지속해서 흑자였던 회사가 최근 2~3년 사이 적자로 돌아서 자존심이 상한다는 말씀을 들었다. 이 말씀에 나는 더욱 무거운 책임감을 느꼈다.

부임 후 가장 먼저 적자의 원인을 면밀히 분석했다. 주된 원인은 70%의 큰 비중을 차지하는 수출 물량의 품질 하자가 빈번히 발생하여 발주처로부터 클레임이 제기되고, 이미 납품한 물량을 다시 회수하는 데 드는 운송비용 때문에 적자가 지속된다는 사실이 밝혀졌다. 이러한 품질 불량의 주된 원인은 30년이 넘은 노후화된 생산설비 때문이었다.

회장님께 첫 보고를 드리는 자리에서, 나는 약 400억 원의 비용을 들여 노후화된 압연 기계와 생산시설을 교체하지 않고서는 흑자 전환에 한계가 있음을 보고드렸다. 보고가 끝나자, 회장님은 사장만 남고 모두 나가라고 하셨다. 당시 나는 생소한 알미늄 분야에 근무한 지 한 달도 안 된 시점에서, 거금 400억 원의 투자를 요청하는 것이 너무 경솔해 보일 수 있다고 생각했고, 크게 질책받을 수 있는 일이라 내심 걱정하고 있었다.

그러나 회장님의 반응은 예상과 달랐다. 주요 경쟁사와 업계 현황에 대해 간단히 질문하신 후, 투자 비용을 되물으시고 구체적으로 어디에 어떻게 투자할지 물으셨다. 나는 반 자포자기한 심정으로 독산동 주 공장뿐 아니라 안산공장에도 투자해야 한다고 말씀드렸다. 회장님께서 기준환율을 얼마로 계산했냐고 물으시기에 당시 1달러에 약 800원 정도로 계산했다고 답했다. 그러자 회장님은 즉시 "신속히 추진하고 꼭 흑자로 전환시키라"라며 흔쾌히 승인해 주셨다. 회장님의 신뢰를 저버리지 않기 위한 무거운 책임감과 함께 그분의 큰 그릇을 또 한 번 느끼는 순간이었고 아직도 잊히지 않는 기억으로 남아있다. 그 후 신규 생산설비 덕분에 불량률을 획기적으로 줄였고, 회사는 적자에서 흑자로 전환할 수 있었다. 더욱이 기계 구매 당시 800:1이었던 달러 환율이 1200:1로 급격히 상승하여, 결과적으로는 훨씬 저렴하게 기계를 구매할 수 있었다. 이 또한 회장님의 과감한 결단과 신속한 실행력이 만들어 낸 장기적 전략이었음을 깨달을 수 있었다.

신격호 회장님은 우리나라 경제계에 큰 발자취를 남기신 인물이시지만, 동시에 나 개인에게는 오늘날의 자리에 있게 해 주신 인생의 큰 스승이자 멘토이시다. 비록 긴 세월에 걸쳐 짧게 짧게만 뵐 수 있었지만, 그때마다 느낀 강렬한 카리스마와 경영에 대한 열정은 왜 그분의 삶 자체가 하나의 교훈이 되는지를 깨닫게 해 주었다.

롯데호텔 부산 근무 시절의 추억도 많지만, 글이 길어질까 이만 줄이고 다음 기회에 나누도록 하겠다.

글로벌 경영계의 거인, 신격호 회장님

구영훈
전 롯데경제연구소장

 롯데야구단의 이름은 롯데자이언트다. 자이언트, 즉 거인을 상징하는 이 이름처럼, 신격호 회장님은 진정한 경영계의 거인이었다. 회장님의 거인다움은 단순히 물리적인 체격에서 비롯된 것이 아니었다. 그것은 회장님의 광대한 사고의 지평, 깊이 있는 통찰력, 과감한 결단력, 그리고 불굴의 추진력에서 비롯된 것이었다.
 내가 신 회장님을 처음 만난 것은 2002년 4년 월쯤으로 기억한다. 그해 1월 말, 연구소 소장으로 부임한 후 핵심 인재 10여 명을 선발해 롯데경제연구소(현 롯데미래전략연구소)의 문을 연 직후였다. 서울 소공동 롯데호텔 내 신 회장님의 집무실로 향하는 발걸음은 무거웠다. 롯데그룹에 입사한 지 얼마 되지 않은 상무 직위의 연구소장이 그룹의 최고 수장을 만나는 자리였기에, 긴장감은 극에 달했다. 아직 롯데그룹에 대한 이해도 깊지 않은 상태에서, 어떤 질문에 어떻게 답해야 할지 몰라 초조함에 휩싸인 채 회장실 문을 열었다.

당시 신격호 회장님은 대한민국 재계를 통틀어 최고의 자산가 중 한 분으로 알려져 있었다. 그래서 나는 호화로운 집무실과 화려한 의상, 값비싼 장신구를 기대했다. 그러나 현실은 기대와는 완전히 달랐다. 집무실은 놀랄 만큼 소박하고 평범했으며, 신 회장님의 복장 역시 간소한 일상복이었다. 이미 팔순에 가까운 연세 탓인지, 그의 목소리는 나지막하고 부드러워 귀를 기울여야만 겨우 알아들을 수 있을 정도였다. 간단한 자기소개와 향후 연구소 운영 방안에 대한 설명을 마치고, 약 20분간의 첫 만남은 그렇게 끝이 났다.

첫 대면 이후에도, 나는 수시로 신 회장님의 집무실을 찾았다. 국내외 경제 동향과 전망, 경쟁 그룹과 기업들의 전략 등을 보고하러 갈 때마다, 나의 머릿속은 한 가지 큰 화두로 가득 찼다. 어떻게 하면 롯데그룹이 중장기적으로 양적, 질적 발전을 지속할 수 있을까? 이는 단순한 궁금증을 넘어, 그룹의 미래를 좌우할 수 있는 중대한 문제였다.

2002년 당시, 롯데그룹은 국내 비즈니스에만 전념하고 있었다. 해외 사업은 전혀 없는 상태였지만, 국내에서는 호텔, 백화점, 제과, 음료, 테마파크 등 다양한 분야에서 1위를 차지하고 있었다. 이에 대한 그룹 상층부와 임직원들의 자부심은 하늘을 찌를 듯했다. 한국 경제가 계속해서 고속 성장을 이어간다면, 국내 비즈니스에만 집중해도 문제가 없을 것 같았다. 하지만 미래는 불확실했다. 한국 경제의 발전에 따른 성장률 둔화는 필연적이었고, 그때가 오면 국내 비즈니스에만 집중하고 있는 롯데그룹은 큰 위기를 맞이할 것이 자명했다.

이 문제의 근본적인 해답은 글로벌 유망시장 진출이었다. 롯데그룹의 지속적인 성장을 위해서는 새로운 시장을 개척해야 했다. 당시 LG, 삼성, 현대 등 국내 재계 상위 그룹들도 글로벌화 전략을 적극적으로 추진하고 있었다. 이는 우리에게 큰 자극제가 되었다.

이에 롯데경제연구소는 첫 번째 주요 연구 주제로 롯데그룹의 글로벌화 전략을 선정했다. 그러나 이는 그룹 본부의 고위 임원들로부터 강한 반발과 냉소를 불러일으켰다. 신임 인사차 주력 계열사 대표이사들을 방문한 자리에서 글로벌화 전략의 필요성을 언급했을 때도 반응은 비슷했다. 대다수는 "해외 사업을 한 번도 안 해봤는데, 사람도 경험도 없는 상태에서 무슨 재주로 해외 사업을 하느냐"라며 회의적인 태도를 보였다.

하지만 나는 물러서지 않았다. 오히려 그룹 내부의 반발이 클수록, 이 문제만큼은 반드시 성공시켜야겠다는 오기가 생겼다. 이는 단순한 고집이 아니었다. 롯데그룹의 미래를 위해, 그리고 신격호 회장님의 비전을 실현하기 위해, 필요한 변화였다. 우리는 안주하는 것이 아니라, 새로운 도전을 통해 성장해야 했다. 그것이 바로 신격호 회장님이 우리에게 보여준 리더십의 본질이었다.

롯데그룹의 운명을 좌우할 글로벌화 전략의 추진 여부는 최고 의사결정 자인 신격호 회장님의 결단에 달려있었다. 회장님의 승인 없이는 이 대담한 계획은 그저 허공에 뜬 구상에 불과할 터였다. 이에 우리 연구소는 삼성, 현대, 오리온, 농심, LG 등 해외투자에 적극적인 기업들의 동향과 전략을 심도 있게 분석했다. 그들도 처음에는 우리와 마찬가지로 전문가도, 경험도 부족했지만, 꾸준한 노력 끝에 서서히 성과를 거두기 시작했다는 사실에 주목했다.

드디어 운명의 날, 회장 보고 일정이 잡혔다. 나는 과감한 전략을 선택했다. 현재의 추세가 지속된다면 롯데그룹의 발전이 정체되어 재계 10위권 밖으로 밀려날 수 있다는 충격적인 예측으로 보고를 시작했다. 신 회장님의 표정이 굳어지는 것이 느껴졌다. 회장님은 즉시 세부적인 내용을 요구하셨다. 롯데그룹의 자산과 매출이 얼마인지, 경쟁 그룹들과 비교하면 어떤 위치에 있는지 꼼꼼히 질문하셨고, 나는 성심성의껏 답변했다.

상위 경쟁 그룹들의 해외 사업 성과에 대한 언급은 신 회장님의 관심을 크게 끌지 못했다. 삼성, 현대, LG와 같은 그룹들과는 비즈니스 성격이 달랐기 때문일 것이다. 그러나 O제과가 중국과 러시아에서 초코파이로 폭발적인 인기를 얻으며 매출과 이익이 급증하고 있다는 보고에 신 회장님의 눈이 커졌다. 롯데제과보다 규모나 제품 다양성 면에서 열세라고 여겼던 O제과가 해외 시장에서 큰 성공을 거두고 있다는 사실이 회장님에게 충격을 주었음이 분명했다.

이 순간, 글로벌 시장 진출 전략이 롯데그룹의 최우선 과제로 부상하는 결정적인 전환점이 되었다. 이후 우리는 어떤 시장이 유망한지, 글로벌 사업 확장을 위한 지역 전문가들을 어떻게 확보하고 육성, 관리해야 하는지 등에 대한 후속 보고를 계속해서 드렸다.

돌이켜 보면, 당시 롯데경제연구소가 제안한 글로벌화 전략은 신격호 회장님이 평생을 바쳐 일구어 온 업적에 대한 중대한 도전이자 도발이었을 것이다. 그러나 신 회장님은 합리적인 논리에 기반한 이 대안을 질책하시거나 거부하시기보다는 오히려 적극적으로 수용해 주셨다. 이는 진정한 거인다운 자세였다. 회장님의 이러한 열린 마인드와 혜안이 롯데그룹을 글로벌 기업으로 도약시키는 원동력이 되었음을 부인할 수 없다.

글로벌화 전략 보고 이후에도, 우리는 수많은 주제로 신격호 회장님에게 보고를 드렸다. 2004년 초 어느 날, 유통 부문의 중장기 전략을 준비하여 보고하러 갔을 때의 일이 아직도 생생하다. 보고가 거의 끝나갈 무렵, 신 회장님은 깊은 생각에 잠겨 있다가 느닷없이 나에게 질문하셨다. "롯데호텔을 어떻게 했으면 좋겠어?" 그 순간, 나는 당황했다. 호텔 문제에 대해서는 전혀 준비가 되어 있지 않았기 때문이다. 적절한 답변을 할 수 없어, 제대로 연구를 해서 결과를 보고드리겠다는 말씀만 드린 채 회장실을 나왔다.

즉시 연구소 컨설턴트들을 소집하여 롯데호텔 혁신전략 프로젝트에 착수했다. 롯데호텔이 직면한 문제점, 그 원인, 해결 방안에 대한 심도 있는 고민이 시작되었다. 분석 결과, 교통 입지가 매우 좋은 곳에 있음에도 불구하고 롯데호텔의 객실점유율이 신라, 조선, 하얏트, 쉐라톤 등 경쟁 호텔에 비해 현저히 떨어져 있었다. 식음료 부문의 매출과 각종 행사 관련 매출에도 문제가 있었고, 전체 매출액과 이익도 정체 상태였다. 더불어 세간의 평가도 좋지 않았다. 롯데호텔은 시설이 낙후되어 있고, 서비스 품질이 떨어진다는 평이 지배적이었다. 소공동과 잠실의 롯데호텔 모두 비슷한 상황에 부닥쳐 있었다.

우리는 과감한 제안을 했다. 수천억 원의 자금이 투입되더라도 시설을 최신식으로 교체하고, 현장직 직원들의 경우 젊고 잘 훈련된 직원들을 투입해야 한다고 보고했다. 물론 이 제안에는 세부적인 통계 수치와 사진 자료들이 뒷받침되었다. 2004년 당시 롯데호텔의 처지에서 5,000억 원은 엄청난 금액이었지만, 이 과감한 투자로 약 3년에 걸쳐 소공동 롯데호텔과 잠실 롯데호텔은 최신 설비를 갖춘 호텔로 탈바꿈했다.

우리는 또한 롯데호텔의 정체 상황에 이른 가장 큰 원인이 성장 엔진의 부재라는 결론에 도달했다. 이에 새로운 성장 동력으로 실속형 비즈니스호텔 사업을 제안했다. 특1급 호텔 사업만 해온 롯데그룹의 이미지에 부정적인 영향을 미칠 수 있다는 일부 반대도 있었지만, 신규 사업이 절실했던 롯데호텔로서는 다른 대안이 없었다. 이에 따라 공덕동 로터리의 롯데시티호텔을 시작으로 김포공항 국제선 청사와 서울 을지로2가에 비즈니스호텔 사업을 시작했다.

우리는 여기서 그치지 않고, 롯데호텔이 국내 1등에만 안주하지 말고 해외 시장에도 적극 진출할 것을 신격호 회장님에게 제안했다. 이를 위해 롯데경제연구소의 컨설턴트들은 인도, 베트남, 중국, 러시아, 인도네시아의 주요 도시들을 직접 방문하여 각 도시의 호텔 사업 매력도를 면밀히 조사했다. 당시 중국과 러시아 정부와 한국 정부 간의 관계는 우호적이었다. 베트남의 하노이, 러시아의 모스크바와 상트페테르부르크 등이 높은 매력도를 지닌 도시로 선정되었고, 사업은 신속하게 추진되었다. 이러한 도시들에서 거둔 성공을 기반으로, 오늘날 롯데호텔은 일본, 괌, 미국, 뉴욕 등지로 사업을 지속해서 확장해 나가고 있다.

이 모든 대규모 사업의 배후에는 신격호 회장님의 합리적인 의사결정과 강력한 추진력이 큰 원동력으로 작용했음은 자명하다. 회장님의 선견지명과 과감한 결단력이 없었다면, 롯데호텔의 혁신과 글로벌 진출은 불가능했을 것이다. 신격호 회장님은 단순히 현재의 성공에 안주하지 않고, 끊임없이 미래를 내다보며 새로운 도전을 추구했다.

2000년대 중반까지 롯데그룹의 대형 할인점 사업인 롯데마트는 경쟁력 부족으로 어려움을 겪고 있었다. 경쟁사인 E사와 H사에 비해 점포 수도 적었고, 상품 구색, 서비스, 시스템 등 모든 면에서 현격한 차이를 보이고 있었다. 이러한 열세의 주요 원인 중 하나로 낙후된 물류시스템이 지목되었다. 경쟁사들이 초대형의 최신 설비를 갖춘 물류창고를 활용하여 효율적인 제품 납품과 점포 배송을 했지만, 롯데마트는 여러 곳에 분산된 소규모 물류창고에 의존하고 있어 물류 경쟁력이 현저히 낮았다. 이에 따라 판매 제품들의 가격 경쟁력 또한 약했다.

2004년 당시 롯데호텔의 처지에서 5,000억 원은 엄청난 금액이었지만, 이 과감한 투자로 약 3년에 걸쳐 소공동 롯데호텔과 잠실 롯데호텔은 최신 설비를 갖춘 호텔로 탈바꿈했다.

이러한 문제를 해결하기 위해 롯데경제연구소는 발 벗고 나섰다. 우리는 경쟁기업의 물류창고를 직접 방문하고 전문가들과의 심층 인터뷰를 진행하는 등 열정적으로 대안을 모색했다. 그 결과, 우리는 수도권 교통 요지에 초대형 물류센터를 건설해야 한다는 결론에 도달했다. 더불어 롯데마트 매장의 운영시스템도 전면적인 혁신이 필요하다고 판단했다.

하지만 이러한 혁신을 위해서는 막대한 자금이 필요했다. 수조 원에 달하는 투자가 이루어져야만 가능한 일이었다. 그런데도, 우리의 보고를 받으신 신격호 회장님은 주저하지 않고 결단을 내리셨다. 회장님의 진두지휘 아래, 경기도 오산 경부고속도로 부근에 당시 동양 최대 규모의 초현대식 물류센터가 건설되기 시작했다. 이는 신격호 회장님의 탁월한 리더십이 없었다면 불가능했을 대규모 프로젝트였다. 합리적인 대안을 적극적으로 수용하고, 일단 결정된 방침을 과감하게 추진해 나가는 회장님의 리더십이 이 모든 것을 가능케 했다.

신격호 회장님의 선견지명과 결단력은 여기서 그치지 않았다. 대규모 자금과 인력이 투입된 기업형 슈퍼마켓 사업인 롯데슈퍼의 공격적인 출점, 롯데인재개발원의 혁신전략, 롯데그룹 임직원들의 대폭적인 처우 개선 사업 등도 모두 롯데경제연구소의 문제 제기와 대안 제시, 그리고 신격호 회장님의 결단과 과감한 추진을 통해 적극적으로 실행되었다. 이러한 일련의 혁신들은 롯데그룹의 성장과 발전의 중요한 밑거름이 되었다.

지금도 나는 신격호 회장님을 모시고 일했던 그 시절을 떠올리면 가슴이 벅차오른다. 그 시기는 내 인생에서 가장 열정적이고 보람찼던 순간들로 가득했다. 신격호 회장님과 함께 일할 수 있었다는 사실은 내게 큰 자부심의 원천이 되었고, 지금도 그 자부심은 변함없이 내 마음속에 자리하고 있다. 회장님의 과감한 결단력과 혁신에 대한 열정, 그리고 직원들을 신뢰하고 그들의 의견을 경청하는 자세는 우리 모두에게 큰 영감을 주었다. 신격호 회장님은 국내외 경영계의 진정한 거인이셨다.

정직과 세심함으로 이끈
롯데의 성장

김광호
대홍기획 전 대표이사

　　1975년, 롯데제과 공채로 입사한 나는 1977년 그룹 운영본부와 1980년 그룹 기획조정실을 거쳐 1987~2005년까지 대홍기획 대표이사로 18년간 재직했다. 수많은 브리핑 자리와 직접 보고를 통해, 나는 신격호 회장님의 경영철학을 가까이에서 지켜볼 수 있는 특별한 기회를 얻었다.

　　나는 쉽사리 존경심을 표하지 않는 성격이지만, 신격호 회장님은 내게 여러 면에서 존경의 대상이 되었다. 회장님의 경영철학은 '매출', '인사', '재무'라는 핵심 요소에 초점을 맞추었고, 이는 누구라도 성공적인 기업 운영의 지침으로 삼을 만한 가치가 있다. 회장님은 각 계열사의 대표이사보다도 더 깊이 회사의 내면을 들여다보았다.

신중함과 통찰력은 회장님의 또 다른 강점이었다. 회장님은 자신이 잘 모르는 분야에 섣불리 뛰어들지 않았다. 대신, 관심 있는 분야에 대해서는 일본의 지인들로부터 필요한 지식을 미리 습득한 후에야 투자를 결정했다.

1960년대 일본의 경영 전략은 유통 산업의 특성을 반영하여 독특한 형태를 띠었다. 생산과 판매를 분리하여 운영하는 방식은 당시 일본 기업들의 혁신적인 접근법이었으며, 일본 롯데 역시 이러한 흐름을 따랐다. 예를 들어 일본 롯데도 KK㈜ 롯데(생산)와 롯데 상사(판매)로 나누어 운영되었는데, 이원화된 구조는 효율성과 전문성을 극대화하기 위한 전략적 선택이었다. 이러한 경영 방식은 국내 일부 기업들에도 영향을 미쳐, 유사한 구조를 채택한 회사들이 등장했다.

일본 롯데상사의 경영 방식은 그 규모와 철저함에서 놀라움을 자아낸다. 100개가 넘는 골프장 회원권을 보유했다는 사실은 단순한 숫자 이상의 의미를 지닌다. 특히 1980년대 기준으로 1억 엔을 웃도는 회원권의 보유했다는 것은 당시 접대 문화의 중요성과 규모를 여실히 보여준다. 이는 단순한 사치가 아닌, 비즈니스 전략의 일환이었다.

일본의 지리적 특성 역시 이러한 접대 문화에 영향을 미쳤다. 일본은 아래위로 지역이 길어 접대 고객이 있는 가까운 지역에서 고객을 모셔야 하니까 제대로 접대를 하려면 회원권이 많을 수밖에

일본 롯데상사의 경영 방식은 그 규모와 철저함에서 놀라움을 자아낸다. 100개가 넘는 골프장 회원권을 보유했다는 사실은 단순한 숫자 이상의 의미를 지닌다. 이는 단순한 사치가 아닌, 비즈니스 전략의 일환이었다.

없다고 한다. 그러나 시대의 변화와 함께 이러한 접대 문화도 변모했다. 법적 규제의 강화로 인해 과거의 화려했던 골프 접대 문화는 이제 역사의 한 페이지로 남게 되었다. 이는 비즈니스 관행의 변화와 더불어 기업 윤리에 대한 사회적 인식의 변화를 반영한다.

일본 경제에서 유통 산업이 차지하는 비중은 실로 막대하다. 이에 따라 유통 부문의 효과적인 관리는 기업의 성패를 좌우하는 핵심 요소로 자리 잡았다. 신격호 회장님 또한 이러한 현실을 깊이 인식하고 있었다. 회장님도 한창때는 유통업계에 접대골프를 많이 다녔다고 했다. 그래서 국내 경영에서도 확실히 챙기는 것이 유통업이다. 산업에서 유통업의 중요성을 누구보다도 뼈저리게 체험했기 때문이다.

한국 롯데의 인사 정책에서 드러나는 특징적인 면모는 주요 직책에 일본인을 기용했다는 점이다. 그러나 이는 극소수의 핵심 직책에 국한된 것이었으며, 회장의 경영 판단에 따른 불가피한 선택이었다. 1년의 절반을 일본에서 보내는 회장의 상황을 고려할 때, 이러한 인사 정책은 회장님의 경영 의지를 효과적으로 실현하기 위한 전략적 결정이었다고 볼 수 있다.

1970년대 후반, 호남석유 불하를 앞두고 있던 그 시기, 일본 롯데 회장실 앞에서 벌어진 장면은 회장님의 완벽을 추구하는 성격을 잘 드러낸다. 회장님실 앞에서 임승남 이사님하고 대기하고 있었는데, 이사님이 무언가를 계속 쓰고 회장님께 보고하고, 나와서 또 쓰고 했다. 몇 번을 왔다 갔다 하더니 나한테도 한번 써보라고 하셨다. 내용을 보니 박정희 대통령께 친전을 보내는 것이었다. 호남석유와 관련하여 회장님께서는 국가 경제 발전에 이바지하고자 하는 롯데그룹의 사명감을 담아 중요한 서신을 준비하셨다. 이는 단순한 사업 참여 이상의 깊은 책임감을 반영한 것이었다. 아마 이사님이 다섯 번은 고쳐 쓴 것 같다. 그때 회장님의 경영에 대한 진심이 가슴에 크게 와닿았다. 아! 이렇게까지 열심히 하시는구나 하고.

롯데그룹에게 1979년 10월 25일은 특별한 의미를 지닌 날이었다. 이날 신격호 회장님의 오랜 염원이었던 백화점 사업 진출에 대한 허가를 받았기 때문이다. 그러나 바로 다음 날인 10월 26일, 대한민국은 뜻하지 않은 국가적 비극을 맞이하게 된다. 이 시기는 정치적으로나 경제적으로 매우 불안정했고, 롯데그룹을 비롯한 많은 기업은 급변하는 상황 속에서 큰 불확실성에 직면했다. 만약 그 시점에 백화점 사업 허가를 받지 못했다면, 이어진 정권 교체의 혼란 속에서 롯데그룹의 사업 방향은 달라졌을 수도 있었을 것이다. 이는 신격호 회장님의 유통업에 대한 뜨거운 열정과 끈질긴 노력이 결실을 본 순간이었다.

그때는 소매업인 백화점업에는 외자는 투자할 수 없도록 법으로 제한하고 있어, 결국 최종 아이디어가 백화점이 아닌 쇼핑센터로 외자를 진출하는 것으로 결정해 인가를 받은 것이다. 그래서 롯데백화점 초기 회사명은 롯데쇼핑센터였다.

1980년대 초, 내가 그룹 기획조정실에 근무하던 때의 일로 기억한다. 이미 회갑을 넘긴 나이에도 불구하고, 70세까지 일하겠다는 회장의 선언은 당시 임직원들에게 큰 충격과 동시에 감동을 안겼다. 당시 70세라는 나이는 현재와는 비교할 수 없을 만큼 고령으로 여겨졌었다.

호적상 1921년생인 신격호 회장님보다 10년 연상인 윤명의 회장님의 존재는 신격호 회장님에게 큰 영감을 주었다. 대홍기획에서 일하던 윤명의 회장님이 70세가 넘은 나이에도 젊은 직원들보다 더 열정적으로 일하는 모습은, 신격호 회장님에게 나이는 단지 숫자에 불과하다는 자신감을 심어주었던 것 같다. 이는 단순한 롤모델을 넘어, 신격호 회장님 자신의 미래에 대한 청사진이 되었다.

윤명의 회장님이 87세에 대홍기획을 은퇴하고도 약 10년을 더 건강하게 살았다는 사실은, 신격호 회장님의 '70세 선언'이 단순한 포부가 아닌 현실적 목표였음을 증명한다. 이러한 선배 경영인의 삶은 신격호 회장님에게 끊임없는 도전과 성장의 동기가 되었을 것이다.

1990년경, 내가 대홍기획 재직 시절의 일이다. 롯데상사가 회장님에게 브리핑 하면서 프로젝터 도입을 제안했을 때, 많은 이들은 회장님의 오랜 습관을 고려해 성공 가능성을 의심했다. 그때까지는 회장님 바로 앞에 종이에다 글을 써서 놓고, 보고를 해 왔다. 그래서 지금까지 하시던 습관이 있는데, 그게 가능할까 생각했지만 예상을 뒤엎고 회장님은 이를 승인하셨다. 이는 단순한 기술 도입을 넘어, 전 계열사에 프로젝터 구매를 촉진하는 계기가 되었다. 계열사는 같은 프로젝터를 사서 브리핑 연습을 해야 했기 때문이다. 역시 회장님은 생각이 다르구나 하고 또 한 번 감탄했다.

1990년대 중반, 대홍기획이 맡고 있던 쌍방울 트라이 광고를 농심기획에 빼앗긴 사건은 신격호 회장님의 경영철학을 보여주는 또 다른 예다. 농심도 그때 막 광고대행업을 시작했기 때문에 작은 광고 건도 열심히 챙기고 있었다. 비록 작은 규모의 광고 계약이었지만, 나는 정직한 보고를 위해 이 사실을 회장님 브리핑에 포함시켰다. 대홍기획은 회장님보고 시 신규 계약 광고주와 해지 광고주 변동 상황을 보고한다. 쌍방울 광고를 농심기획에 빼앗겼다는 사실을 전했다. 쌍방울 광고를 농심기획에 뺏겼다고 보고를 하니, 회장님이 크게 역정을 내셨다. 그 순간 나는 이 사소한 사실을 굳이 보고할 필요가 있었나 하는 후회가 들었다. 하지만 이 경험에도 불구하고, 그 후에도 나는 거짓 없는 보고는 하지 않았다. 회장님은 항상 모든 상황을 파악하고 있었다. 누가, 언제, 어떤 이유로 보고하는지는 몰라도 회장님과 조금이라도 관련된 사안은 반드시 그분의 귀에 들어간다고 생각하는 것이 옳다.

우리 집에 아들이 하나 있는데, 내 아들도 롯데에도 몸을 담고 한국을 대표하는 몇몇 기업에서도 근무를 하면서 각 그룹 오너들의 경영 스타일과 철학을 비교할 수 있는 기회가 있었다. 이러한 경험을 바탕으로 한 아들의 결론은 단호하다. "한국에서 제대로 그룹 경영을 하는 사람은 신격호 회장님밖에 없다." 이는 여러 대기업의 내부를 경험한 젊은 세대의 눈을 통해 본 신격호 회장님의 탁월함에 대한 객관적 증언이라 생각된다.

信義를 바탕으로 한 三角經營

김진익
롯데JTB 전 대표이사

일본 롯데 본사에서 만난 신격호 회장님

2007년 5월의 어느 날, LOTTE JTB 설립 준비 결과를 보고드리기 위해 동경 신주쿠의 일본 롯데 본사를 찾았다. 본사 건물에 들어서자마자 주차장에 자리한 롤스로이스 올드카가 내 시선을 사로잡았다. 순간 나는 '역시 회장님은 멋진 승용차를 타시는구나'라고 생각했다. 그러나 이는 내 성급한 판단이었음이 곧 밝혀졌다.

회의실에서 대기하며 사무실을 둘러보던 중, 내 눈에 들어온 것은 책상 뒤에 걸린 '거화취실(去華就實)'이라는 문구가 새겨진 액자였다. 더욱 놀라운 것은 회장님이 사용하시는 공간이 예상과 달리 소박하고 아담했다는 점이다. 후에 알게 된 사실이지만, 그 롤스로이스는 회장님의 전용차가 아닌 손님 접대용 차량이었다. 화려함을 멀리하고 실속을 추구하시는 회장님의 신조를 몸소 실천하고 계심을 알 수 있었다.

준비 결과 보고를 마친 후, 회장님께서는 따뜻한 차 한 잔을 권하시며 한국 관광사업과 파트너십 경영의 중요성에 대해 깊이 있는 말씀을 나누셨다. "우리나라는 앞으로 관광사업이 중요한 산업으로 자리 잡을 것이다. 롯데는 호텔과 백화점 서비스 분야에서는 좋은 평가를 받고 있지만, 관광사업에서는 아직 많이 부족하다. 일본 JTB는 우리에게 좋은 파트너가 될 것이니, 그들로부터 많이 배우고 긴밀히 협업해 나가도록 하라."

이어서 회장님은 신규 사업 진행에 대해서도 조언을 주셨다. "신의를 지키고 파트너를 셋 이상으로 하여 서로 윈-윈(WIN-WIN)할 수 있는 구조를 만들어라. 둘보다는 셋이 더 안정감 있고 지속적인 성장이 가능하다."

귀국하는 비행기 안에서 나는 회장님의 파트너십 경영철학을 곱씹어보며 이를 "삼각 경영"이라고 명명해 보았다. 회사가 출범한 후 비즈니스 모델을 구축해 나갈 때, 파트너십의 안정성과 신의를 바탕으로 시너지를 창출하며 사업을 성장시켜 나가라는 회장님의 말씀은 우리의 중요한 지침이 되었다.

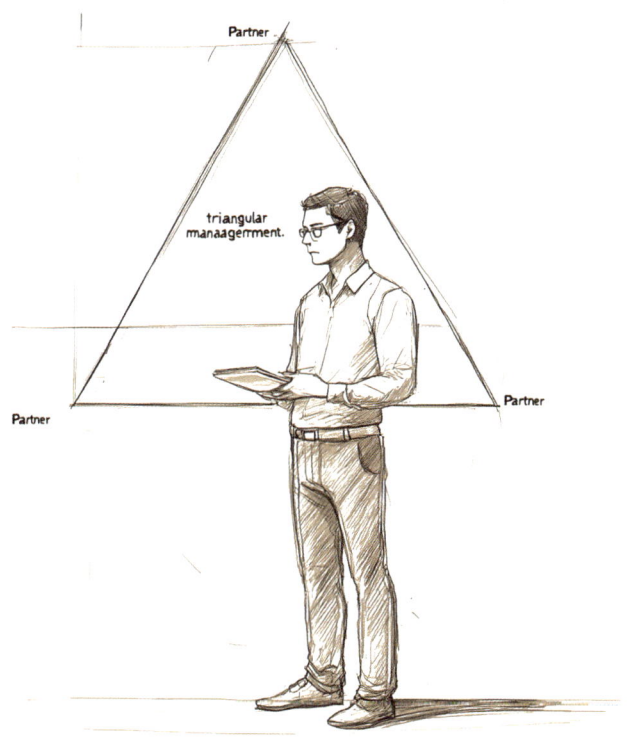

회장님은 신규 사업 진행에 대해서도 조언을 주셨다. "신의를 지키고 파트너를 셋 이상으로 하여 서로 윈-윈(WIN-WIN)할 수 있는 구조를 만들어라. 둘보다는 셋이 더 안정감 있고 지속적인 성장이 가능하다."

파트너십과 信義로 넘어선
여행업 진입장벽

LOTTE JTB의 여행업 진출은 기존 질서에 도전장을 내민 과감한 행보였다. 당시 국내 여행시장은 아웃바운드와 인바운드로 양분되어 있었고, 특히 아웃바운드 여행상품은 항공과 숙소, 가이드 등 인프라를 기반으로 상품을 기획하여 판매하는데 항공 좌석의 비중이 컸다. 당시는 LCC(저비용 항공사)도 활성화되기 이전이라 항공사 A사와 B사 항공의 좌석 확보가 시장 경쟁력의 핵심이었던 그 시절, 기존 여행 업체들의 견제는 상상을 초월했다.

기존 아웃바운드 여행사들의 방해는 매우 노골적이고 집요했다. 시장을 뺏기지 않기 위해 기존 여행사들은 A 항공사가 LOTTE JTB에 항공 좌석을 제공하지 못하도록 노력했다. 또한, A사는 B사보다 두 배 많은 노선과 좌석을 보유하고 있다는 점을 내세워 신규 여행사들에 고압적인 태도를 보였다. 전년도 실적에 따라 좌석을 배분하겠다는 그들의 방침은 신생 여행사들에게는 매우 높은 벽이었다.

그러나 LOTTE JTB는 좌절하지 않았다. 오히려 역경을 기회로 삼아, 일본 JTB의 글로벌 네트워크라는 강력한 무기를 활용했다. 중국, 하와이, 발리라는 전략적 요충지를 선정하고, JTB 중국법인과 손잡고 북경 상품을 기획하는 등 창의적인 대안을 모색했다. 기존 업체들의 완고한 태도와 방해에 맞서, B 항공사와의 협상을 통해 최소 1,000석 이상이라는 도전적인 목표를 걸고 좌석 확보에 성공했다.

LOTTE JTB의 혁신은 여기서 그치지 않았다. 당시로서는 파격적이었던 TV홈쇼핑을 통한 여행상품 판매라는 새로운 영역을 개척했다. 롯데홈쇼핑과의 협업을 통해 첫 방송에서 2,200명이라는 놀라운 실적을 달성하며, '여행상품의 홈쇼핑 판매'라는 새로운 장을 열었다. 이는 단순한 판매 채널의 확대를 넘어, 여행 산업의 패러다임을 바꾸는 혁명적인 시도였다.

LOTTE JTB의 이러한 도전과 혁신은 견고한 질서의 벽을 허물고, 소비자들에게 더 많은 선택권과 편의를 제공하는 새로운 여행 문화를 창조했다.

2009년 6월 4일, 일본 시즈오카 공항은 한국 항공업계의 새로운 격전지로 부상했다. 항공사 A사와 B사, 이 두 거인이 동시에 취항을 선언하며 치열한 경쟁의 서막을 올린 것이다. 이미 그해 4월부터 양사는 아웃바운드 여행사들을 상대로 신규 노선의 승객 유치에 총력을 기울이고 있었다.

A사는 세 곳의 여행사와 손을 잡았고, B사 항공은 LOTTE JTB와 함께 후지산 국립공원을 품은 매력적인 일본 여행상품을 선보였다. 5월, 취항을 한 달 앞두고 홈쇼핑 방송을 준비하게 되었으나, 5월 초 신종 플루라는 예기치 못한 위기가 찾아왔다.

A사 노선으로 상품을 준비한 여행사들은 일제히 백기를 들고 홈쇼핑 방송을 모두 취소했다. LOTTE JTB의 직원들 사이에서도 천재지변과 같은 상황이니 방송을 취소하자는 의견이 지배적이었

다. 하지만, 어려울 때 도움을 주었던 B사 항공과의 신의를 지키기 위해 홈쇼핑 방송을 예정대로 진행했다.

예상대로 반응은 차가웠다. 신종 플루 발병 이전에 세웠던 목표의 절반에도 미치지 못하는 저조한 실적. 하지만 이 결정은 후에 값진 열매를 맺게 된다. 시즈오카 취항 3개월 후, 상황은 극적으로 반전됐다. LOTTE JTB가 모집한 단체 승객들 덕분에 B사 항공은 신규 취항 공항에서 A사를 제치고 1위에 올랐다. 이를 계기로 B사 항공은 LOTTE JTB에 더욱 든든한 파트너가 되어주었고, A사 역시 LOTTE JTB의 판매력을 인정하며 좌석 배분을 시작했다.

"신의를 바탕으로 한 파트너십"이라는 회장님의 가르침은 위기의 순간에 빛을 발하여, 결과적으로 회사의 입지를 더욱 굳건히 하는 원동력이 되었다.

유니세프 유니폼을 입은
롯데자이언츠

2011년, 롯데손해보험 재직 시에 유니세프 한국위원회로부터 아이디어 제안이 있었다. 유니세프 한국위원회에서 근무하는 고교 후배가 롯데손해보험과 롯데자이언츠의 협력을 통한 지속적인 기부 활동 프로젝트를 제안한 것이다. 롯데손해보험은 당시 브랜드 홍보를 위한 최적의 방안을 모색 중이었고, 롯데자이언츠는 유니세프와의 협력을 통해 그룹 이미지 제고의 기회를 엿보고 있었다. 유니세프 한국위원회 입장에서는 아시아 최초로 스포츠 마케팅을 통한 지속적 기부 활동의 새 장을 열 수 있는 획기적인 프로젝트였다.

이 제안은 신격호 회장님이 강조해 온 '삼각 경영철학'의 정신과 일치했으며, 롯데그룹의 홍보 및 이미지 향상에 크게 이바지할 것으로 판단되었다. 두 달간의 집중적인 기획 과정을 거쳐 롯데손해보험, 롯데자이언츠, 유니세프가 함께 하는 '희망 포인트 프로젝트'가 탄생했다.

이 프로젝트는 다면적 접근을 통해 사회공헌의 새로운 모델을 제시했다. 다문화 가정 어린이 지원, 보험 가입 시 고객 명의의 기부, 롯데자이언츠의 경기 결과에 따른 희망 포인트 적립 등 다양한 방식으로 기부 활동을 펼쳤다. 특히 롯데자이언츠의 승리나 홈런 시 적립되는 희망 포인트는 스포츠의 즐거움과 나눔의 기쁨을 동시에 느낄 수 있게 했다.

이 혁신적인 프로젝트는 UNICEF 본부의 찬사를 받으며 성공적으로 승인되었다. 이로써 롯데자이언츠는 스페인의 명문 FC 바르셀로나에 이어 전 세계에서 두 번째로 유니세프 로고가 새겨진 유니폼을 착용하고 그라운드를 누비는 영예를 안게 되었다.

프로젝트의 성공적인 첫해를 마무리하고 재계약을 앞둔 시점, 한 프로야구 구단이 롯데의 기존 기부 금액을 다섯 배나 웃도는 파격적인 제안을 내놓았지만, 유니세프 한국위원회는 이 제안을 단호히 거절했다. 유니세프 한국위원회는 프로젝트의 취지를 처음부터 이해하고 기획 단계에서부터 적극적으로 참여해 준 롯데

다문화 가정 어린이 지원, 보험 가입 시 고객 명의의 기부, 롯데자이언츠의 경기 결과에 따른 희망 포인트 적립 등 다양한 방식으로 기부 활동을 펼쳤다. 특히 롯데자이언츠의 승리나 홈런 시 적립되는 희망 포인트는 스포츠의 즐거움과 나눔의 기쁨을 동시에 느낄 수 있게 했다. 14년이라는 긴 세월이 흐른 지금도, 롯데자이언츠 선수들은 매월 한 번 유니세프 데이에 유니세프 로고가 새겨진 유니폼을 입고 경기에 임한다.

그룹과의 신의를 저버릴 수 없다고 판단하여 그 제안을 거절한 것이다.

14년이라는 긴 세월이 흐른 지금도, 롯데자이언츠 선수들은 매월 한 번 유니세프 데이에 유니세프 로고가 새겨진 유니폼을 입고 경기에 임한다. 유니세프 데이로 지정된 이 날, 야구장은 단순한 스포츠 경기장을 넘어 나눔과 연대의 축제 장으로 변모한다. 롯데그룹과 유니세프의 우호적인 관계는 시간이 흐를수록 더욱 견고해지고 있다.

이 프로젝트는 단순한 기업의 사회공헌 활동을 넘어선다. 그것은 롯데그룹이 사회적 책임을 다하는 모습을 지속해서 보여주는 살아있는 증거이자, 상호 존중과 신뢰를 바탕으로 한 파트너십의 중요성을 일깨우는 모범 사례로 자리매김했다.

종이 위에 그리면 그림이 되지만, 마음속에 그리면 그리움이 된다.

신격호 회장님이 강조한 "신의를 바탕으로 한 삼각 경영"은 단순한 비즈니스 전략의 차원을 넘어, 상호 존중과 신뢰를 근간으로 하여 지속 가능한 성장을 추구하라는 가르침이다.

'거화취실(去華就實)'을 인생의 신조로 삼고, 조국을 위한 '사업보국(事業報國)'의 꿈을 실현해 온 회장님의 경영 철학과 신념은 롯데그룹의 나침반이 되었다. 이는 롯데그룹이 지속해서 성장해 나가는 중요한 밑거름이 되었다.

신격호 회장님의 손길과 흔적이 남아있는 롯데그룹의 현장들은 단순한 업무 공간 이상의 의미를 지닌다. 그곳들은 회장님의 철학과 가치관이 살아 숨 쉬는 살아있는 유산이다. 회장님과 함께 일했던 롯데인들의 마음속에는 그분과 함께 했던 추억들이 그리움이 되어 앞으로도 모두의 마음속에 오롯이 남아 있을 것이다.

영업이 힘든가?

박정환
롯데KKD(현 롯데GRS) 전 대표이사

신격호 회장님은 영업에 대한 남다른 열정과 관심을 지니고 계셨다. 회장님은 판매 실적에 대해 항상 세심한 주의를 기울이셨으며, 영업 사원들의 처우에도 깊은 관심을 보이셨다.

어느 날, 어느 회사의 보고 자리에서 예기치 못한 상황이 벌어졌다. 대표가 자사 영업 사원들의 이직률이 경쟁사보다 높다는 점을 언급한 것이다. 이는 통상적으로 보고 시 언급되지 않는 내용이었다. 하지만 경쟁사 대비 영업력 저하의 원인으로 "영업 사원의 잦은 이직으로 인한 경력자 부족과 그에 따른 프로모션 효과 감소"

가 거론되고 말았다.

　의도와는 무관하게 실수로 여겨질 수 있는 상황이었기에, 해당 대표는 이를 신속히 마무리 짓고자 했다. 그러나 불운하게도 당일 계속해서 실수를 거듭하는 모습을 보였다. 이는 당연히 "알면서도 대표는 무엇을 하고 있었느냐?"라는 질문을 초래할 수 있는 상황이었다.

　대표와 마주 앉은 나는 그의 간절한 시선을 감지했다. 그는 내게 어떤 형태로든 도움을 요청하고 있었다. 이를 무시하기에는 회의장의 분위기가 점점 냉랭해졌다.

　나는 결연히 일어나 발언을 시작했다. "회장님, 최근 신규 채용된 영업 사원들의 OJT 기간 중 퇴사율이 높다는 보고를 본부에서도 인지하고 있습니다. 이에 저 역시 영업 사원들과 함께 현장 근무를 경험해 보았습니다. 과연 얼마나 힘든 일인지 직접 확인하고자 했습니다."

　회장님의 관심이 순식간에 나에게 집중되었다. "그렇군. 영업이 그토록 힘든가?" 회장님께서 물으셨다. 나는 대답했다. "회장님께서도 영업을 경험하셨지 않습니까?"

　회장님께서 고개를 끄덕이며 말씀하셨다. "그렇지. 나 역시 등에 짐을 지고 껌을 팔아보기도 했고, 신문 배달도 해 봤지. 영업이 흥미롭지 않던가?"

　"영업은 분명 멋진 일입니다. 하지만 현재는 개인당 판매 목표가 상당히 높습니다. 그것이 부담으로 작용하고 있습니다."

　이어서 나는 현장 경험을 공유했다. "제가 직접 현장에 가 보니,

영업소는 새벽부터 밤까지 쉴 틈 없이 일하는 곳이었습니다. 거의 매일 이런 일정으로 근무한다는 사실을 듣고 깊은 안타까움을 느꼈습니다. 왜 그토록 이른 출근과 늦은 퇴근이 필요한지, 개인 시간을 전혀 갖지 못하는 이유를 명확히 이해하게 되었습니다."

나는 당시 물류 시스템의 실태를 상세히 설명했다.

"우리의 현재 물류 시스템은 아침 일찍 영업소로 들어오는 이고(공장의 대형 창고에서 영업소의 소형창고로 물량이 이동되는 것) 차량으로 시작됩니다. 이때 영업소장과 창고관리사원 둘만으로는 도저히 감당할 수 없는 물량이 쏟아집니다. 영업 사원 전체가 동원되어도 대형 이고차량에서 상품을 내리는 데만 한 시간 이상이 소요되며, 이를 다시 영업 사원의 차량으로 옮겨 싣는 데 또 한 시간 이상이 걸리는 고된 작업입니다. 주문서를 확인하며 당일 배송할 물품을 정리하는 데도 상당한 시간이 소요됩니다. 이 모든 과정과 영업소 전체 회의를 마치고 나면 시간은 이미 오전 9시를 훌쩍 넘기게 됩니다. 서둘러 인근 라면 가게에서 늦은 아침 식사를 하고 거래처로 배송을 나가는 시간은 오전 10시를 넘기고 있으며, 아침부터 땀으로 범벅이 되는 상황이고, 더욱이 변변한 샤워장 하나 없는 열악한 환경입니다. 원칙적으로는 9시면 거래처로 판매를 나가야 하는 시간이었으나, 현실적으로 이는 불가능합니다. 아침 일찍 거래처로 갈 경우 경쟁사보다 판매 매대를 선점할 수 있다는 이점이 있었지만, 현실은 그렇지 못합니다. 아마도 이러한 현실이 영업 사원들이 적응하지 못하고 이직하는 주요 원인 중 하나라고 판단됩니다."

"그럼 다른 이유도 있는가?"

"회사의 판매 목표가 경쟁사보다도 훨씬 높습니다. 우리의 인당 효율이 경쟁사보다도 20% 이상 높습니다. A사가 월 판매 목표가 인당으로 2,500만 원이면 B사는 2,800만, 우리는 인당 3,500만 원을 팔아야 합니다."

"우린 왜 그리 높은가?"

"판매 품목 중 단가가 높은 초콜릿, 껌 등의 판매구성비 때문입니다. 우리가 이들 제품의 시장 점유율이 높으니, 매출액이 상대적으로 경쟁사보다 큽니다. 그러나, 경쟁사 대비 급여도 높지 않습니다. 많이 파는데 경쟁사와 비슷한 급여를 받으니, 영업사원들이 자기가 손해라고 생각하고 있습니다."

회장님께선 "내가 그래서 우리 직원들 월급을 최고로 주라고 안 했나? 항상 최고의 대우를 해 주라고 안 했나?"

"예, 그렇게 말씀하셨습니다."

"그런데 왜 급여가 경쟁사보다 적은가?" 그러나 대표는 아무 말도 할 수 없었다.

"왜 내 이야기에 대답이 없는가? 그렇게 왜 안 하는가? 우리가 돈이 없나 뭐가 없나?"

이때 맞은편에서 일어나 있던 내가 나서서 말할 수밖에 없었다.

"회장님 우리 돈이 없습니다"라고 말했다.

"뭐라고 우리가 왜 돈이 없어?"

"회장님, 이 회사가 현재 부채를 ○○○억이나 가지고 있습니다. 예금도 있지만 남의 돈을 가지고 영업을 계속할 순 없지 않습니까? 회장님께서도 남의 돈으로 장사하는 건 아니라고 말씀하셨습니다."

"그렇지 내가 그랬지."

"해서 부채를 갚아 나가면서 점차로 직원들 복지와 급여를 높여 주겠습니다. 당장 문제를 해결해 주는 것도 필요하지만, 점점 나아지는 모습을 직원들에게 각인시켜 주는 게 더 필요할 것 같습니다."

회장님은 이에 다음과 같이 말씀하시고 논쟁을 종결지었다.

"대표는 본부와 계속 협의해서 직원들 처우를 잘해 주도록 하게!"

나는 회장님의 마음을 잘 안다. 항상 최상의 것으로 직원들을 대우하고 싶어 하지만, 그것이 단순히 회장님의 한마디로 실현되지 않는다는 사실을 회장님 역시 잘 알고 계셨다.

회장님과 부동산

박정환

롯데KKD(현 롯데GRS) 전 대표이사

롯데가 보유한 부동산에 대해 생각해 보면, 일반인들의 오해가 가슴 아프게 다가온다. 많은 이들이 회장님이 부동산으로 부를 축적했다고 오해하고 있기 때문이다. 회장님에게 부동산이란 단순한 재산 증식의 수단이 아닌, 사업의 근간이자 고객 서비스의 핵심이었다. 그분의 철학은 명확했다. 좋은 위치의 땅을 확보해 사람들이 쉽게 찾을 수 있는 곳에 더 많은 고객이 모일 수 있는 사업장을 만드는 것. 그리고 그 땅은 팔아치울 대상이 아니라, 미래를 위한 밑천이자 필요한 자금을 조달하기 위한 담보였다.

회장님의 사고방식에서 '비업무용'이란 단어는 존재하지 않았다. 회장님에게 모든 땅은 잠재적 가치를 지닌 보물이었다. "우리가 그 땅을 개발해서 고객에게 편리함을 주면 되는 게 아닌가?"라는 회장님의 물음은 단순한 질문이 아닌, 깊은 통찰력을 담은 경영철학이었다. 회장님은 항상 깊이 생각하고, 철저히 따져보며, 전문가들의 의견을 경청하라고 강조하셨다.

회장님의 이러한 철학은 수많은 프로젝트에서 반복되어 나타났다. 김해의 자이언츠 연습구장 개발, 오산 연수원 부지 개발, 백화점 물류센터 계획, 용인의 첨단 식품공장 건설, 평택 포승 부지의 커피 공장 건설 등, 이 모든 곳은 회장님 개인 명의로 오래전에 사들인 땅들이었다. 기업의 재정이 넉넉지 않을 때, 회장님은 개인적으로 이 땅들을 매입하셨다.

더욱 놀라운 것은 이 땅들의 활용 방식이었다. 롯데미도파의 경영이 어려울 때, 알미늄 사업이 위기에 처했을 때, 회장님은 주저 없이 이 땅들을 기증하셨다. 이는 단순한 기부가 아닌, 회사의 경영 상태를 극적으로 개선하는 전략적 결단이었다. 심지어 그룹 내에서는 "회사 경영을 어렵게 하면 회장님의 땅을 증여받을 수 있는 복이 생긴다."라는 우스갯소리까지 나돌 정도였다.

롯데미도파에 ○○○○억 원대의 땅을, 롯데알미늄에 ○○○억 원대의 땅을 무상으로 기증하신 일화는 그룹 내에서 전설이 되었다. 회장님은 대주주이자 리더로서, 어려움에 부닥친 회사를 위해 개인 재산을 아낌없이 헌납하는 방식으로 부동산을 활용하셨다. 당시에는 경영 실적이 적자인 회사에 대주주가 땅을 기증할 때 별도로 세금을 내지 않아도 되었다. 회장님에게 땅은 단순한 소유물이 아니라 사업의 바탕이라고 생각하신 분이었다.

회장님의 부동산 철학은 그룹 전체에 깊이 뿌리내린 불문율과도 같았다. 그 누구도 감히 회사가 보유한 땅을 매각하자는 의견을 내놓지 못했다. 그룹 관재팀도, 각 회사의 대표들도 비업무용 부지가 있어도 회장님의 확고한 땅에 대한 신념 앞에서는 이견을 제시할 수 없는 분위기였다.

당시는 물류 체계의 대변혁기였다. 개별 거래처 방문 판매 방식에서 주문과 배송이 분리된 현대적 물류 시스템으로의 전환기였다. 편의점이 일반 슈퍼마켓을 대체하기 시작했고, 제과나 칠성음료 제품을 진열 판매하는 거래처가 18만 개를 넘어서는 시점이었다. 이러한 변화의 물결 속에서 우리의 대응이 절실히 요구되는 순간이었다.

미리 계열사와 조율한 내용을 바탕으로 용기를 내어 회장님께 말씀드렸다. "회장님, 땅을 좀 팔아야 하겠습니다."

회장님의 반응은 예상대로 날카로웠다. "무슨 땅을 판다는 이야기인가? 내가 땅은 팔지 말라고 하지 않았나?"

회장님께서 구체적인 계획을 물으셨고, 서울 시내 곳곳에 흩어진 100평 미만의 작은 땅들, 대형 물류 차의 진입이 어려운 장소들을 과감히 정리하고, 대신 대규모 통합 물류기지를 위한 부지를 추가 구매하는 방안을 보고하였다. 이 순간이 귀중한 이유는 땅의 매각뿐 아니라 새로운 부지의 구매까지 함께 보고할 수 있는 기회였기 때문이다.

어느 날, 그룹 관재팀에서 귀중한 정보를 가지고 왔다. 두산그룹의 경영 위기로 인해 회사별로 보유 토지를 매각한다는 소식이었다. 특히 두산 인프라코어가 구로구에 소재한 1만 평의 중장비 보관 부지를 매각한다는 정보였다. 서울 서부간선도로와 접한 이 부지는 구로구와 광명시에 걸쳐 있는 귀중한 자산이었다.

이 정보를 바탕으로 실무진의 의견을 조율한 후, 관재팀에서 구매 관련 종합 보고를 준비하기로 했다. 지금은 대표이사로 근무 중인 한 직원이 이를 정리하여 보고하기로 한 날, 나는 긍정적인 결과를 기대하며 기다렸다. 그러나 들려온 결과는 "다시 검토해 보라"는 것이었다.

그날 오후 34층 회의실에서 신격호 회장님을 뵈었다.

"회장님! 오전에 관재실에서 보고 시 구로에 있는 땅을 1만 평을 매입하는 방안에 대해 보고받으셨다고 들었습니다. 그런데 회장님께서 다시 검토해 보라고 하셨다고 들었습니다. 맞습니까?"

"회장님 그 땅을 사 주셔야 합니다. 꼭 필요한 땅입니다."

"꼭 필요한가? 무엇에다 쓸려고 하지?"

"회장님께 지난번 보고 시에 말씀드린 대로, 계열회사가 보유한 땅 중에서 시내에 있거나 해서 대형 이고차량의 진출입이 어렵고, 비교적 규모가 작은 땅들은 매각하고 대안으로 시 외부에 대형 영업장 부지를 생각하고 있다고 보고드린 바 있습니다. 그것과 밀접하게 관련된 땅입니다. 식품회사나 유통회사의 수도권 물류센터로 활용하려 합니다."

"꼭 필요한가? 안 사면 안 되나?"

"안 사면 안 됩니다. 반드시 필요한 땅입니다."

"자네가 책임질 수 있는가? 얼마면 되는가?"

"예, 제가 책임지고 잘 활용하겠습니다. 공시지가로 ○○○억 원이 넘지만, 잘 협상해서 그 이내로 매입하도록 할 계획입니다."

○○○억대로 매입하기로 ○○그룹 측과는 사전 협의를 진행했다.

"땅은 잘 따져보고 꼭 필요할 때만 구매하는 것이다. 반드시 잘 따져보고 필요한 거면 사라!"

회장님께서 기조실장 사장에게 땅 매입을 직접 지시하시는 순간, 나는 깊은 감사와 결의를 담아 큰절을 올렸다. 서울 한복판에 그토록 귀중한 땅이 다시 나올 리 만무했지만, 이는 한편으로 무모해 보일 수도 있는 도전이었다. 하지만 회장님은 참모의 진심 어린 보고를 듣고 과감한 결단을 내리셨다.

그 결과, 이 땅은 후에 제과와 칠성의 광명물류센터로 탈바꿈하여 생동감 넘치는 활력을 뿜어내고 있다. 물류 환경의 급격한 변화 속에서 선제 대응을 가능케 한 이 부지는 이제 회사의 귀중한 자산으로 자리매김했다. 이로써 롯데는 작은 땅은 과감히 매각하고, 큰 그림을 그릴 수 있는 대지는 확보하는 전략을 펼쳤다. 롯데가 결코 땅을 팔지 않는다는 세간의 오해는 자연스럽게 해소되었다.

큰 부지는 대형 물류 부지로 활용되며, 롯데의 물류 혁신을 이끄는 주춧돌이 되었다. 지금은 당연해 보이는 이 결정도, 당시에는 엄청난 패러다임의 전환을 요구하는 것이었다. 하지만 회장님의 결단은 언제나 그랬듯 거침이 없었고, 이런 과감한 결정력을 회장님은 늘 강조하셨다. 땅에 관한 한, 회장님은 실사구시의 정신을 몸소 실천하셨다. 회장님의 안목은 현실에 뿌리를 두되, 미래를 향해 뻗어 있었다.

롯데가 보유한 부동산에 대해 생각해 보면, 일반인들의 오해가 가슴 아프게 다가온다. 많은 이들이 회장님이 부동산으로 부를 축적했다고 오해하고 있기 때문이다. 회장님에게 부동산이란 단순한 재산 증식의 수단이 아닌, 사업의 근간이자 고객 서비스의 핵심이었다. 그분의 철학은 명확했다. 좋은 위치의 땅을 확보해 사람들이 쉽게 찾을 수 있는 곳에 더 많은 고객이 모일 수 있는 사업장을 만드는 것. 그리고 그 땅은 팔아치울 대상이 아니라, 미래를 위한 밑천이자 필요한 자금을 조달하기 위한 담보였다.

"1원을 찾아 나서라"

서만선
롯데호텔 전 이사

신격호 회장님의 기업 경영 철학을
되새겨 보면서

　　　　　　1986년, 나는 롯데호텔 판촉부 부장(Director of Sales & Marketing)으로 부임했다. 그로부터 4년 후, 격월로 회장님께 직접 브리핑하게 되었다. 객실 영업 실적과 향후 판촉 전략에 관한 내용을 그룹 임원과 사장님 앞에서 발표하는 자리였다. 십수 년간 짧은 기간이었지만, 회장님 면전에서 브리핑하며 바라보았던 기억의 편린(片鱗)들을 되살려 존경하는 회장님을 회상하고자 한다.

회장님을 가까이서 처음 뵈었을 때, "와~ 너무 멋쟁이"라는 생각이 가장 먼저 떠올랐다. 감색 체크무늬 옷을 입고 묵직해 보이는 브라운 색 담배 파이프를 손에 쥐고 계신 모습은 마치 60년대 인기 배우 그레고리 팩을 연상케 했다. 인자하면서도 조용하고 엄격한 분위기를 풍기셨다.

그러나 예상과 달리, 브리핑이 끝나자, 회장님의 질문은 날카로웠다. 첫 질문은 신라, 하얏트, 조선호텔보다 객실 점유율이 뒤처진 이유였다. 대답을 망설이는 동안 질문은 계속 이어졌다. 호텔 객실이 많아서인가, 위치가 좋지 않아서인가, 식당 음식 맛이 없어서인가, 판촉 직원이 부족해서인가 등이었다. 대답 대신 "죄송합니다. 더 열심히 하겠습니다"라는 다짐의 말을 전할 수밖에 없었다.

이어진 질문은 더욱더 전문적이었다.

"국적별 호텔 이용객 비율은 어떠한가?" 그리고, "FIT(Fully Independent Traveler, 여행사 등 다른 어떤 도움도 받지 않고 스스로 계획을 세워서 여행하는 사람)와 Group(10명 이상 단체 관광객)의 비율은 어떻게 되는가?"라고 물으셨다.

"미국과 유럽은 23%, 일본은 65%, 나머지는 기타 고객입니다."라고 답했다. 회장님의 관심사는 특히 미국과 유럽인들의 호텔 이용 비율이었다. 조선호텔의 미국, 유럽 고객 비율이 52%라는 답변에 회장님은 다소 노여워하셨다. 이에 대해 나는 롯데호텔의 구미 고객 비율이 23~24%지만, 절대 숫자로는 객실 수가 적은 조선, 신라, 하얏트 호텔을 합해야 우리 호텔과 비슷한 수준이라고 설명했다.

회장님의 노기가 풀리셨는지 "바보 같은 소리 하네"라고 하시며 약간의 미소를 지으셨고, "퍼센티지가 왜 있는지 알아?"라고 하시며 나를 쳐다보시며 본래의 인자한 모습으로 돌아가 다음 질문과 답변을 진행했다. 약 1시간 반 동안의 브리핑은 긴장의 연속이었고, 온몸이 땀으로 범벅이 되었다.

두 달에 한 번씩 회장님께 브리핑해야 한다는 것은 큰 부담이었지만, 선임자의 "회장님께 브리핑하는 것은 너의 PR 기회이다."라는 조언을 기억하며 평소에 판촉 전략을 철저히 준비했다. 이러한 영업 실적 보고는 나뿐만 아니라 기획실, 경리, 총무부 등 담당 중역들과 전 그룹 임원들의 공통된 임무였다. 이러한 영업 실적 보고와 회사 현황 실태 보고는 실무를 담당하는 임원들의 영업에 대한 경각심은 물론 애사심을 불러일으키기에 충분했다. 그뿐만이 아니다. 나는 정부 장학금으로 인도에서 호텔 이론을 공부하고 오베로이 인터콘티넨탈 호텔에서 3년간 실습을 했으며, 이후 조선호텔과 롯데호텔에서 현업에 종사했다. 그러나 회장님께 보고를 드리고 나면, 이전과는 비교할 수 없을 정도로 성장하고 성숙해져 국내외 판촉 활동에 자신감을 얻게 되었다.

각국의 국빈으로 방한한 미테랑 대통령, 헬무트 콜 수상, 라모스 대통령, 이관요 총리, 일본 총리 등을 현관에서 직접 맞이했다. 사우디 왕자와 그 일행을 유치하고, 국제 비료학회, 국제 철강학회,

노르웨이 현대조선 진수식 참관 그룹 등 각종 국내외 대소 컨벤션 그룹을 유치했다. 무스타파 대사의 도움으로 브루나이 공주 일행도 모셨다.

특히 기억에 남는 것은 1989년 12월 하순, F-18 전투기를 한국에 수출하려고 방한한 McDonnell Douglas 항공사의 유치 작전이었다. 원래는 그들이 힐튼호텔에 투숙해 있었는데 우리 호텔로 유치할 수 있었던 것은 괄목할 만한 성공이었다. 당시 여러 외교 관계자들의 협력이 큰 역할을 했다. 이 그룹은 신관에만 투숙했는데, 20실에서 30실 이상을 이용했고 그 기간이 약 2년간 지속되었다.

FIT이든, Group이든 유치하는 업무는 내가 해야 할 일이지만, 회장님께 보고할 자료가 차곡차곡 쌓여갈 때마다 마음이 부자가 된 듯한 기분을 감출 길이 없었다. 이 모든 것을 보고했을 때 칭찬받은 기억은 없다. 그러나 보고 자체만으로도 나는 만족했다.

IMF 경제 위기 때 호텔의 대처 방안에 대해서도 언급하고 싶다. 1997년 10월 말경, 한국 근무 중인 군 관계자 부부를 쉔부런 레스토랑에 저녁 식사 초대했을 때의 일이다. 오랜만의 재회로 화기애애한 분위기 속에서 대화가 오갔다. 그러나 반갑게 인사를 마치자 "IMF가 뭔지 아느냐?"라는 그의 물음에, 나는 당연히 국제통화기금이라고 대답했다. 하지만 그의 진의는 달랐다. IMF 사태가 발생하면 어떤 결과를 초래하는지를 묻는 것이었다. 그의 표정은 점점 심각해졌고, 나는 그의 말에 귀를 기울였다.

국가에 미국 달러가 부족해지면 경제가 위태로워지고, 최악의 경우 모라토리움까지 발생할 수 있으니, 롯데호텔도 이에 대비해야 한다는 그의 충고에, 나는 당황하면서도 해결책을 요청했다. 그의 대안은 단순하면서도 혁신적이었다. 메뉴 가격과 객실 가격을 원화에서 미국 달러로 바꾸고, 모든 결제를 달러로 받으라는 것이었다. 그 순간, 나는 머리가 멍해졌다.

다음 날 아침, 나는 즉시 행동에 옮겼다. 사장님께 보고를 드리고, 6개 특급호텔 총지배인을 소집해 이 사실을 공유했다. 1998년 1월 1일부로 달러 결제로 전환하기로 합의를 끌어냈고, 시청 관광과에 신고 절차를 마쳤을 때 쾌재를 불렀다. 그 후의 상황은 우리가 모두 잘 알고 있다. 달러 가치는 천정부지로 치솟았고, 국가 경제는 위태로워졌다. 수많은 기업이 도산하고, 유학생들이 귀국하는 안타까운 광경을 우리는 지켜보았다.

그러나 위기를 사전에 준비한 우리 호텔은 1998년 매출액이 157% 신장하는 놀라운 성과를 이뤄냈다. 회장님께 브리핑할 때, 그 이유에 관한 질문은 없으셔서, 과정 설명을 말씀드리지 못하고 고객들이 미국 달러로 냈기 때문이라고만 보고드렸다. 그때의 이야기를 회장님의 회고록에 담을 수 있게 되어 감회가 새롭다.

회사를 은퇴한 지금도, 123층 롯데월드타워를 방문할 때마다 나는 위대한 기업가이신 신격호 회장님을 떠올리며 깊은 존경의 마음을 담아 고개를 숙인다. "회장님은 원대한 꿈을 이루셨다." 이 한마디로 회장님의 업적을 온전히 표현할 수 있을까.

롯데제과를 시작으로, 국내외에 펼쳐진 롯데호텔 체인은 서울, 부산, 울산, 제주도, 강원도를 비롯해 미국과 베트남 등지에서 찬란히 빛나고 있다. 그 수를 헤아리기조차 어렵다. 유통업계에서 롯데의 영향력은 또 어떠한가. 롯데백화점은 대한민국 패션계와 실내 디자인의 선두 주자로 우뚝 서 있고, 롯데케미칼의 눈부신 성장은 하늘을 찌를 듯하다.

롯데 그룹사의 전체 규모는 가늠하기조차 어렵다. 나조차도 정확히 알지 못할 정도니 말이다. 그저 롯데에서 근무했다는 사실만으로도 가슴이 벅차오른다. 아니, 다시 태어나도 롯데호텔에서 호텔리어로 일하고 싶은 마음이 간절하다.

이런 자부심에는 그럴 만한 이유가 있다. 우리는 매년 국내 주재 각국 대사 부부, 외국 은행과 기업의 CEO들을 초청해 연말 만찬을 개최했다. 정부 부처의 의전실장들을 방문하고 호텔로 초청해 만찬을 즐기며 관계를 돈독히 하고 정보를 교환했다. 더불어 미국, 호주, 영국, 브루나이, 러시아 대사님들은 때때로 대사관저에 나와 아내를 초청해 오찬이나 만찬을 베풀어 주셨다. 이런 활발한 교류가 가능했던 이유가 단순히 내 개인의 능력이나 노하우 때문이었을까? 절대 그렇지 않다. '롯데'라는 브랜드의 힘, 그리고 각국 대사들이 인정하는 롯데호텔의 명성 때문이었음을 누구나 알고 있다. 다시 말해, 이는 창업자이신 신격호 회장님의 명성이 이미 세상에 널리 알려져 있다는 증거다. 이러한 든든한 후원 덕분에 나는 국내외에서 자신 있게 판촉 활동을 펼칠 수 있었고, 그 실적 또한 괄목할 만했다고 자부한다.

롯데 그룹의 다채로운 사업 포트폴리오 속에서도, 한 가지 빠진 것이 있다. 바로 병원과 의과대학이다. 내 추측이지만 신격호 회장님은 병원설립에 대한 계획을 갖고 계셨겠다고 생각한다. 아니 믿고 싶다. 현재 우리나라가 겪고 있는 의료 대란 때문만은 아니다. 회장님은 진정한 애국자이자 민족을 사랑하는 분이셨고, 특히 어린이들의 꿈과 미래에 관한 관심이 남달랐다. '더 리더'(THE READER & THE LEADER) 뮤지컬을 통해 우리는 회장님의 이러한 마음을 엿볼 수 있었다. 더불어, 언젠가 도래할 남북통일을 대비해 굶주린 이들에게 식량을 제공하는 것 못지않게 의료 시설의 구축이 절대적으로 필요할 것이라는 회장님의 선견지명이 있었으리라 본다. 이는 단순한 희망 사항을 넘어, 미래를 위한 병원설립에 대한 나의 절실한 제안이기도 하다.

신격호 회장님을 생각하면, 순조 임금 때 의주의 거상 임상옥이 떠오른다. 최인호 작가의 소설 '상도'(商道)에 등장하는 실존 인물인 임상옥은 당대 조선 최고의 부자였다. 그의 상업 철학 중 "내가 장사하는 것은 돈을 남기려는 것이 아니라 사람을 남기는 것이다"라는 말은 오늘날까지 전해지고 있다. 이와 마찬가지로, 신격호 회장님은 얼마나 많은 인재를 양성하고 사람을 남기셨는가? 회장님의 유산은 단순한 재산이 아닌, 사람들의 마음속에 깊이 새겨진 철학과 가치관이다. 이런 나의 의견을 담아 소공회(호텔, 면세점, 월드의 퇴직 임원) 모임에서 신격호 회장님의 경영철학에 관한 생각을 피력한 적도 있다.

끝으로, "1원을 찾아 나서라"라는 회장님의 말씀은 회장님의 경영철학을 집약적으로 보여준다. 기업은 빈틈없이 경영해야 하며 일상생활에서도 작은 일 하나 소홀히 해서는 안 된다는 깊은 통찰이 담긴 명언이자 회장님의 삶 전체를 관통하는 철학이었다.

이런 활발한 교류가 가능했던 이유가 단순히 내 개인의 능력이나 노하우 때문이었을까? 절대 그렇지 않다. '롯데'라는 브랜드의 힘, 그리고 각국 대사들이 인정하는 롯데호텔의 명성 때문이었음을 누구나 알고 있다. 다시 말해, 이는 창업자이신 신격호 회장님의 명성이 이미 세상에 널리 알려져 있다는 증거다. 이러한 든든한 후원 덕분에 나는 국내외에서 자신 있게 판촉 활동을 펼칠 수 있었고, 그 실적 또한 괄목할 만했다고 자부한다.

외워라. 질문하라.
본업에 충실하라.

이광훈
롯데칠성 전 대표이사

어느 날, 서울 용산 남영동의 제과 본사 3층이 긴장감으로 가득 찼다. '호랑이 사장'이라 불리던 대표이사가 슬리퍼 차림으로 2층에서 3층 경리부로 급히 올라온 것이다. 그의 얼굴에는 근심이 가득했다. 월차 결산을 흑자로 회장에게 보고했으나, 실제로는 약 5천만 원의 결손이 발생했다는 사실이 밝혀졌기 때문이다. 이 사실을 직접 확인하고자 대표이사는 실무진에게 상세한 설명을 요구했다.

당시는 극심한 경기 불황과 동종 업체 간의 치열한 경쟁으로 인해 제과 업계가 힘든 시기를 겪고 있었다. 창업 이래 단 한 번도 적자를 내지 않았던 제과 부문에서 결손이 발생했다는 것은 롯데그룹의 근간을 흔드는 중대한 사안이었다. 이는 단순한 숫자의 문제를 넘어, 그룹의 명예와 직결되는 민감한 문제였다.

이 사건을 계기로, 당시 자금과장이었던 나는 기획실 예산과장으로 발령받게 되었다. 그때부터 나는 회장님께 직접 경영실적을 보고하는 중책을 맡게 되었다. 처음에는 과장 신분으로 회의에 참석하기 시작했지만, 이후 28년이라는 긴 세월 동안 회장님의 퇴임 때까지 경영실적 보고에 배석 내지는 직접 보고를 담당했다.

이 기간에 나는 수많은 보고를 통해 신격호 회장님의 독특한 경영 철학과 예리한 통찰력을 직접 목격할 수 있었다. 회장님의 경영 수업은 단순한 지식 전달을 넘어, 기업가 정신의 정수를 보여주는 값진 경험이었다. 그 귀중한 가르침을 정리해 보도록 하겠다.

신격호 회장님이 경영 상태를 파악하는 7가지 피할 수 없는 포인트

1. 매출
2. 매출 원가율 (소수점 이하 2자리)
3. 경상이익 (영업 외 항목까지 포함)

위 세 가지는 성장과 수익을 동시에 체크 받아야 하는 항목

4. 채권
5. 재고

6. 차입금

이상 3가지는 회사의 Cash Flow를 체크하여 그 성과가 결국 차입금의 증감으로 표시되는 재무 건전성을 파악할 수 있는 항목이고, 마지막으로

7 인원/인건비(부담률)/정규 · 임시직 규모 숫자는 위 6개 항목과 연계 조직의 효율적 운영 척도로 파악할 수 있는 필수항목

위 1~7항목만 연계 비교하면 경영 상황을 정확히 판단 할 수 있다.

1. **외워라.**

롯데제과의 실적이 부진했던 어느 시기, 격월로 이어지는 한국에서 보고 사이에 일본 현지 회장실에서 보고를 드리던 날의 기억이 선명하다. 숫자와 도표로 가득한 보고서를 순서대로 설명하던 중, 회장님의 예상치 못한 질문이 갑작스럽게 날아왔다. "껌 은박 내포지 1매의 단가가 얼마지?"

순간 머릿속이 하얘졌다. 은박 내포지 롤 전체 가격을 껌 한 조각 크기로 환산하려 머릿속으로 필사적인 계산을 시도하는 나를 향해 회장님의 날카로운 질책이 이어졌다. "자네 지금 뭐 하고 있나?" 회장님의 말씀은 계속되었다. "회장에게 보고를 들어오는 임

회장님의 예상치 못한 질문이 갑작스럽게 날아왔다. "껌 은박 내포지 1매의 단가가 얼마지?" "회장님의 조직 지휘 통솔은 숫자를 통해 이뤄진다. 이를 통해 현장을 직접 돌아보지 않더라도 통제가 가능하다."

원이라면, 회장이 궁금해할 만한 사항 정도는 외우고 있어야 하지 않나!"

그 순간 회장님은 일본롯데의 한 부사장(성함은 기억나지 않는다.)을 호출하셨다. 그러고는 원가와 관련된 여러 질문을 쏟아내셨다. 부사장은 즉석에서 정확한 수치를 답변했고, 이를 지켜보던 나는 깊은 반성에 빠졌다. 회장님은 내게 교육을 받은 뒤 한국에 들어가라고 지시하셨다.

그날 저녁, 나는 노령의 사장님과 함께 1시간가량 집중 교육을 받았다. 교육을 마치고 일본의 한 사케집에서 술잔을 기울이며, 우리는 회장님의 경영철학에 대해 깊이 있는 대화를 나눴다. "회장님의 조직 지휘 통솔은 숫자를 통해 이뤄진다. 이를 통해 현장을 직접 돌아보지 않더라도 통제가 가능하다."

이 사건을 계기로 나는 철저히 달라졌다. 모든 보고 자료는 원 단위 표를 기초로 하여 꼼꼼히 준비했고, 주요 수치는 머릿속에 각인시켰다. 이러한 노력 덕분에 이후의 보고에서는 더 이상 숫자 때문에 질책을 받는 일이 없었다.

2. 질문하라

신격호 회장님과 수많은 보고 자리에서, 가장 기억에 남는 회장님의 표현은 "이상하잖아!"였다. 이 말은 회장님의 불만족을 나타내는 가장 흔한 표현이었지만, 흥미롭게도 나는 회장님께서 크게 화를 내거나 격한 질책을 하는 모습을 본 적이 없다. 회장님의 지적은 언제나 냉철하고 이성적이었다.

한 번은 삼강에 부임한 직후, 이전 대상 부지를 살펴보던 중 뜻밖의 상황과 마주쳤다. 차량 내비게이션이 우리의 위치를 바다 한가운데로 표시한 것이다. 알고 보니 분양받은 공장 터가 매립지였고, 이는 저유 시 중량이 3,000톤에 달하는 원유 저장 탱크의 무게를 감당하기에 부적합한 지반이었다. 게다가 5년간 100% 이후 6년간 50%의 법인세 감면 혜택을 받기 위해서는 수도권 외 지역으로 이전해야 했는데, 확보한 부지의 주소는 여전히 경기도였다. 더욱이 관련 법령은 2002년 말까지 별도의 조처를 하지 않으면 자동으로 폐지되는 일몰법이어서 시간은 촉박했다.

이 난관을 극복하기 위해 우리는 그룹 본부의 지원을 받아 일몰 기한에 대해서 관계 부처를 설득했고, 법령의 근본 취지에 부합한다는 점을 강조하여 결국 감면 대상에 포함시키는 데 성공했다. 그러나 이 과정을 보고받은 회장님의 반응은 예상 밖이었다. "전문가에게 질문과 협의를 거치지 아니한 일이고, 처음부터 없었어야 했던 일"이라며 일축하셨다.

이 사건은 회장님이 강조하신 또 다른 교훈과 연결되어 있었다. 그것은 바로 '부하를 교육하는 가장 효과적인 방법은 질문을 하는 것'이라는 가르침이었다. '외워라' 에피소드에서도 신격호 회장님이 가장 중요하게 여기신 점은 바로 이 질문을 통한 교육 방식이었다. 이는 내가 경영자의 길을 걸어갈 때 가장 중요한 지침이 되었다. 회장님의 냉철한 지적과 깊이 있는 통찰은 단순히 업무 성과를 높이는 것을 넘어, 조직 전체의 성장과 개인의 발전을 동시에 끌어내는 혜안이었다.

3. 본업에 충실하라

신격호 회장님으로부터 받은 마지막 가르침은 "본업에 충실하라."였다. 제과 시절 보고 자리에서 나는 자신 있게 차입금이 약간 줄었다고 보고했다. 회장님이 상세한 설명을 요구하자, 나는 당시 체이스 맨해튼 은행에서 달러로 차입한 외화 부채 중 일부를 환율이 유리한 스위스 프랑으로 전환해 환차익을 얻었다고 설명했다. 그 순간 회장님의 표정이 엄격해졌고, 그 모습은 지금도 선명히 기억에 남아있다.

"이상하잖아! 제과는 과자를 만들어 파는 회사잖아? 이런 건 사업을 해서 번 돈이 아니지 않은가?" 회장님의 질책은 날카로웠지만, 그 속에 담긴 깊은 뜻을 깨달을 수 있었다. 그 순간 나는 경영의 본질이 무엇인지 깊이 성찰할 수 있었다. 이 가르침은 단순한 업무 지침을 넘어 내 삶의 철학이 되었다. 본분에서 벗어난 과도한 욕심이나 사익을 추구하는 행위를 철저히 경계하게 되었고, 이는 지금까지도 내가 건강한 삶을 유지할 수 있게 해 준 원동력이 되었다.

신격호 회장님은 내 인생의 가장 위대한 스승이었다. 회장님의 모든 말씀, 결정, 그리고 행동은 나에게 깊은 가르침이 되었고, 이를 따르며 살아온 덕분에 나는 복된 삶을 살 수 있었다고 생각된다. 앞으로도 회장님을 존경하며 회장님의 가르침을 내 삶의 나침반 삼아 남은 삶을 살아가고자 한다. 28년이 넘는 시간 동안, 보고 자리마다 회장님은 본보기가 되는 수많은 말씀을 해 주셨다. 그 모든 순간이 내 기억 속에 생생히 살아있다.

  이 회상을 마무리하며, 다시 한번 깊은 존경의 마음을 전합니다. 감사합니다. 회장님.

'단디하라' 위임경영

이충익
롯데상사 전 대표이사

미소로 말씀하시던 회장님의 의도

롯데에서의 내 여정은 롯데제과 마케팅실에 발을 들이면서 시작되었다. 그리고 얼마 지나지 않아 롯데그룹 기획조정실 기획 파트를 거쳐 국제실로 자리를 옮기는 기회를 얻게 되었다. 이는 마케팅, 재무, 기획관리에서 기업인수와 M&A라는 새로운 영역으로의 도전이었다. 이 과정에서 나는 회장님과 더욱 가까이에서 회장님의 의사결정과 판단력을 지켜볼 수 있는 귀중한 기회를 얻었다.

　기업인수차 실무작업 하던 때의 일화이다. 나는 회장님의 특별한 취향을 알게 되었다. 신격호 회장님은 8이라는 숫자를 특히 좋아하셨다. M&A 시 입찰가격이나 주당 가격의 합은 반드시 8로 맞추어야 했다. 회장님께서 직접적으로 지시하신 적은 없었지만, 내가 그 의도를 파악하고 숫자를 맞추어 가면 회장님은 염화시중의 미소를 지어 보이셨다. 처음에는 그 의미를 알아채지 못해 빅딜의 경우 천억 단위로 숫자를 제시했을 때, 회장님께서 "2조 2211억으로 입찰하라"고 하신 것을 계기로 그 뜻을 깨달았다. 시간이 흘러 ○○○○ 인수 시 금액을 5,300억으로 승인받으러 갔을 때, 회장님의 흡족해하시는 미소를 잊을 수 없다. 그 숫자에 담긴 의미는 무엇이었을까?

　GS 리테일의 마트와 백화점 부문 인수 당시의 일화도 생생하다. 경쟁사가 상당히 높은 가격을 제시했다는 정보를 입수했을 때, 우리는 난관에 봉착했다. 정상적인 가격으로는 승산이 없었다. 그래서 최종 보고 시 마트 N모 대표와 백화점 L모 대표를 동석시켜 회장님께 간곡히 말씀드리기로 했다. 먼저 가장 인수가 절실한 롯데마트 대표가 "꼭 인수해 주시면 견마지로를 다해 잘 경영하겠습니다."라고 말씀드리자, 다소 소극적이던 백화점 대표도 같은 톤으로 열의를 표명했다.

　그때 회장님께서 당신 특유의 씨익 웃는 미소로 하시던 말씀이 기억난다. "인수 비용은 일회성이라 터무니없이 높은 금액만 아니라면 문제 되지 않는다. 중요한 것은 인수 후 경영자의 의지와 자신감이다. 아무리 싸게 샀어도 경영을 잘못하면 성공적인 거래가 아니다. 비싸더라도 우리가 열심히 최선을 다해 경영해 성과가 좋으면, 인수 금액을 놓고 높다 낮다 떠들던 남들도 인정하고 수긍할 것이다." 이 말씀과 함께 회장님은 인수 후 경영자의 의지와 자신감을 보시고 승낙을 해 주셨다.

  회장님의 경영 방식은 언제나 담당 책임자들의 의견을 십분 참작하시고, 그 책임자의 의지를 꼭 확인하시는 것이었다. 이는 '위임경영'이라는 말로 널리 알려졌다. 보고하는 담당 책임자에게 "이건 누구의 책임인가?"라고 물으시면, "예, 제 책임입니다"라고 답하면 "그래. 그래서 내가 자네를 그 자리에 앉힌 거야. 단디하라."라고 말씀하시던 회장님의 모습이 눈에 선하다.

  그립습니다. 그 열정과 의지가 남다르시던 회장님. 실무자의 작은 소리까지 관심을 가져주시던 회장님.

일등하라

정범식
롯데케미칼 전 대표이사

　　　　　　　신격호 회장님의 경영철학은 일관된 키워드로 압축된다. 회장님은 언제나 시장 점유율과 차입금 증감 사유를 예리하게 살피셨고, 그다음으로 비용을 꼼꼼히 점검하셨다. 매출 증가에 따른 비용 상승은 불가피한 현상이지만, 그 증가율이 매출 상승 폭을 웃돌 때면 각 비용 항목마다 철저한 소명을 요구하셨다. 이에 따라 질책과 지시가 많았지만, 회장님의 핵심 메시지는 변함이 없었다. "1등 하라, 차입금을 줄여라." 이 두 가지 명제는 신격호 회장님의 경영철학을 관통하는 황금률이었다.

　케미칼 공장의 생산 담당에서 본사 기획부로 이동한 후, 나는 25년간 거의 빠짐없이 회장님 보고에 참여했다. 이 보고는 전 직원의 긴장감을 고조시키는 의례와도 같았다. 격월로 정해지는 보고 일정은 사장 이하 모든 임직원의 숨통을 조이는 순간이었다. 보고 내용과 그에 따른 지시 사항은 전 사원의 공통 관심사로 떠올랐고, 때로는 실무자들은 이 순간을 은근히 기다리기도 했다.

1980년대 일본 경제의 전성기, 신격호 회장님이 세계 부자 순위 TOP 10에 올랐다는 언론 보도는 회장님의 위상을 단적으로 보여 줬다. 글로벌 최고의 인적 네트워크와 정보력을 지닌 회장님의 경영철학을 직접 배울 수 있다는 사실은 많은 이에게 영광으로 다가왔다.

케미칼 사업부가 80년대 오일쇼크 불황에서 벗어나 설비 증설과 원료 공장(NC, Naphtha Cracking) 추진 계획을 보고했을 때, 신격호 회장님은 일본 측 임원을 직접 불러 그 타당성을 확인하고 일본 주주의 지원을 요청했다. 이 과정에서 양측 주주의 협력과 경영진에 대한 신뢰가 롯데케미칼의 도약에 중요한 전환점이 되었다.

IMF 외환위기 초기, 한국 은행들의 신용장 개설 능력이 상실되었을 때, 한국은 일본 롯데그룹의 도움을 받았다. 일본 롯데의 신용도는 토요타와 어깨를 나란히 할 정도로 높았고, 차입금이 전혀 없었다는 점은 주목할 만하다. 매입채무 등 상거래부채는 있었으나, 이자를 지급해야 하는 차입금은 전혀 없었다. 신격호 회장님은 일본에서 이미 '차입금 제로' 경영을 몸소 실천하고 있었고, 이를 한국 롯데에도 강력히 요구했다.

이에 따라 경영진의 주요 책무는 선순환 구조를 구축하는 것이

케미칼 공장의 생산 담당에서 본사 기획부로 이동한 후, 나는 25년간 거의 빠짐없이 회장님 보고에 참여했다. 이 보고는 전 직원의 긴장감을 고조시키는 의례와도 같았다. "1등 하라, 차입금을 줄여라." 이 두 가지 명제는 신격호 회장님의 경영철학을 관통하는 황금률이었다.

었다. 투자를 위한 전략적 차입, 이를 통한 매출 성장과 수익 증대, 그리고 차입금 상환을 통한 재투자 능력 향상. 이 과정이 역행할 가능성도 있었지만, 우리의 최종 목표는 이러한 선순환을 지속해서 창출하고 유지하는 것이었다.

차입금을 줄이면 재무상태가 개선되어 외부기관의 간섭에서 벗어날 수 있다. 이는 일본에서의 경영 경험에서 비롯된 생각이 아닐까? 회장님께서는 "일등 기업이란 호황일 때 더 큰 수익을 내고, 불황일 때는 그 피해를 최소화하는 기업이다"라고 말씀하셨다. 이는 업계를 선도하며 지속적으로 성장할 수 있는 기업을 지향하자는 의미였을 것이다.

"1등 하라, 차입금을 줄여라." 신격호 회장님의 이 불변의 지시 사항을 오늘날에도 되새겨본다.

회장님의
제품개발사랑

정 황

롯데칠성음료 전 대표이사

캔커피와 회장님

　　　　　　1991년, 레쓰비의 탄생으로 한국 캔커피 시장에 새로운 바람이 불었다. 당시 미미했던 시장에서 동서식품의 맥스웰이 주도권을 쥐고 있었지만, 롯데는 과감히 도전장을 내밀었다. 캔커피 시장이 아직 성장하지 않았던 그 시기에 동서식품의 맥스웰이 시장을 장악하고 있었다. 하지만 롯데는 이에 굴하지 않고 대담하게 도전장을 냈다. 후발주자로서의 어려움을 극복하고자 다양한 마케팅 전략을 펼쳤고, 때로는 파격적인 가격 정책으로 소비자의 마음을 사로잡고자 노력했으나, 가격을 형성하는 것에 애를 먹고 있었다. 10캔에 한 개 더 나중에는 5캔에 한 개 더, 심지어는 1+1까지 해야만 물건이 팔리는 상황이었다.

일본에서는 이미 Suntory를 비롯한 여러 기업이 캔커피 시장을 선점하고 있었다. 오프라인 매장과 자판기를 통해 널리 보급된 캔커피는 일본이 세계 최초로 선보인 혁신적인 제품이었다. 유럽이나 미국에서는 아직 생소한 개념이었지만, 롯데는 이 시장의 잠재력을 내다보았다.

출시 2년 만에 누적 적자가 100억을 넘어섰다. 브리핑할 때마다 가슴이 무거웠지만, 신격호 회장님은 단 한 번도 "누적 적자가 얼마야?"라는 질문을 하신 적이 없었다. 회장님의 시선은 이미 미래를 향해 있었다. 회장님은 네 가지를 강조했다. 최고의 품질, 다각화된 영업망, 자판기 보급 확대, 그리고 시장 점유율 1위 달성이었다. 그로부터 3년 후, 레쓰비는 맥스웰을 제치고 당당히 시장의 정상에 올랐다. 이익은 자연스럽게 따라왔다.

어느 날 회장님은 뜻밖의 질문을 던졌다. "캔커피를 가장 즐겨 마시는 이들이 누구인가?" 소비자 조사 결과, 예상을 뒤엎고 건설현장 노동자와 같은 육체노동자와 학생, 회사원과 같은 정신노동자가 주요 소비층으로 나타났고, 예상외로 주부 혹은 여성들의 소비는 생각보다 적었다.

다음 브리핑 시, 소비자 조사 결과를 회장님께 보고하였더니 일본도 거의 같다고 말씀하셨고, 레쓰비의 시장 점유율을 지키면서도, 고급 캔커피 시장을 개척하라는 지시가 내려졌다. 그렇게 해

1991년, 레쓰비의 탄생으로 한국 캔커피 시장에 새로운 바람이 불었다. 회장님은 네 가지를 강조했다. 최고의 품질, 다각화된 영업망, 자판기 보급 확대, 그리고 시장 점유율 1위 달성이었다. 그로부터 3년 후, 레쓰비는 맥스웰을 제치고 당당히 시장의 정상에 올랐다.

서 탄생한 것이 바로 원두 추출 커피와 생우유를 사용한 '칸타타'였다.

  회장님께서는 캔 커피의 시장을 길게 보셨으며 초기 이익에 급급하지 않으셨다. 긴 안목과 마케팅 전략을 가진 대단하신 분이셨다. 이를 통해 롯데는 캔커피 시장의 강자가 되었다.

아이시스 생수와 회장님

  1990년대 초, 아이시스의 등장은 한국 음료 시장에 신선한 충격을 안겼다. 당시만 해도 물을 사 마신다는 개념은 생소했고, 물은 그저 무상으로 주어지는 것이라 여겨졌다. 하지만 유럽과 미국에서는 이미 먹는 샘물이 거대한 시장을 형성하고 있었다. 한국의 생수 시장은 아직 미약했지만, 제주도의 청정 화산섬에서 자연 정수된 삼다수가 선두 주자로 떠올랐다. 라면 회사인 농심이 판매권을 확보하며 시장을 주도했다.

  아이시스 출시 3년이 지났음에도 여전히 삼다수가 1위, 코카콜라 생수가 2위, 아이시스가 3위를 차지했다. 브리핑마다 "왜 삼다수를 이기지 못하는가?"라는 질책이 쏟아졌다. 특히 농심 회장님이 신격호 회장님의 친동생이라는 사실은 상황을 더욱 복잡하게 만들었다. 음료 회사가 라면 회사에 생수 시장 점유율을 뺏기고 있다는 질책은 무거운 책임감으로 다가왔다.

  신격호 회장님은 한국도 곧 수돗물을 마시지 않게 될 것이라는 확신을 가지셨고, 환경오염의 가속화로 인해 깨끗한 공기와 물의 가치가 높아질 것을 예견하셨다. 이에 따라 회장님은 네 가지 핵심 전략을 제시하셨다.

첫째, 오염되지 않은 수원을 확보하라.

둘째, 최고의 품질을 유지하라.

셋째, 다양한 유통망을 구축하라.

넷째, 지속적인 광고와 마케팅을 펼쳐라.

아이시스는 7년간의 적자를 견디며 꿋꿋이 전진했고, 마침내 시장 점유율 1위를 달성하며 흑자로 전환했다. 지금은 DMZ를 필두로 7개의 청정 생수 공장을 확보하고 있다.

2007　　　　　2010　　　　　2015　　　　　2016

part

3

기업
보국

국가의 이익과
민족을 생각하다

1987년 4월, 대한민국을 세계에 마케팅하다!

정승인
세븐일레븐 전 대표이사

1987년 4월 신격호 회장!
대한민국을 마케팅하다!

　　　　　신격호 회장님은 대한민국 최고의 마케터이자 거인이라고 생각한다. 그분은 놀라운 통찰력과 담대한 구상을 마치 일상적인 대화처럼 쉽게 이야기하셨다. 그분은 차원이 다른 분이고, 언제나 꿈꾸는 청년 같은 분이다. 세계 최초, 최고를 추구한다. 적어도 대한민국 최초 최고를 지향한다. 결코 편안하고 쉬운 길을 가지 않는다. 그런데 그뿐이 아니었다. 당신은 또 다른 길을 보고 있었다.

신격호 회장님은 고객의 신뢰를 얻고 사회와 국가에 이바지하는 기업인의 사명을 깊이 인식하고 계셨다. 대한민국 국민 모두의 자부심인 롯데월드타워, 그 123층 555미터의 위용은 바로 이러한 회장님의 철학이 구현된 결정체이다. 회장님은 미래를 꿰뚫어 보는 혜안과 담대한 투자로 롯데를 이끌어 오셨고, 대한민국의 유통과 서비스 산업을 한 단계 끌어올린 혁신가셨다. 안타깝게도 일부에서는 대기업을 단순히 돈에만 집착하는 이들로 인식하곤 한다. 그러나 이는 큰 오해다. 소위 대기업 총수들에게 돈은 단지 부수적인 산물에 불과하다. 그들은 꿈꾸는 자들이며, 세상에 태어나 더 크게 세상을 바꾸고 더 나은 미래를 위해 이바지하고자 하는 이들이다.

이러한 맥락에서 나는 직원들에게 늘 강조했다. "오너의 꿈은 계산할 수 없다."라고. 롯데백화점 신규사업기획과장 시절, C2 프로젝트로 명명된 잠실 롯데월드타워 프로젝트를 처음 맡았을 때의 기억이 아직도 생생하다. 사실 그 시작은 신입사원 시절로 거슬러 올라간다. 그룹 기획조정실 관재팀의 송모 사원이 860억 원짜리 수표를 들고 땅값을 내러 간다는 이야기를 들었을 때, 단순히 잠실에 큰 땅을 사는 줄로만 알았다. 그러나 그때 이미 회장님의 머릿속에는 대한민국 최고층 빌딩의 청사진이 그려져 있었던 것 같다. 과장 시절 처음 접한 C2 프로젝트의 구상도는 88 올림픽을 기념하는 88층의 스핑크스와 피라미드 형태였다. 이후 회장님은 더욱 대담한 구상을 내놓으셨다. 전 세계에 존재하는 모든 물고기를 볼 수 있는 세계 최대 규모의 수족관을 지하에 만들고, 지상 절반은 여름 해변을 또 다른 절반은 겨울 스키장을 동시에 구현하는 것을 검토해 보라고 하셨다.

이는 실무자들에게는 그야말로 충격적인 과제였다. 그 실현 가능성에 의문을 품으면서도, 우리는 수족관과 해변에 필요한 바닷물의 양을 계산하기 시작했다. 그 엄청난 양을 고려할 때, 인천 앞바다에서부터 송수관을 통해 바닷물을 끌어와야 할 것 같다는 결론에 이르렀다. 그 후에도 조감도만 가지고 이 거대한 프로젝트의 손익을 계산하는 것은 불가능에 가까웠다.

실무자들의 단순한 시각으로는 잠실에 아파트를 지어 매각하는 것이 가장 간단하고 수익성 높은 방안으로 보였다. 그러나 신격호 회장님의 비전은 그것을 훨씬 뛰어넘는 것이었다. 회장님은 대한민국을 세계에 마케팅하는 거대한 꿈을 품고 있었다. 약 4조 원의 아파트 분양 수입을 과감히 포기하고 오히려 4조 원을 투자한 회장님의 결정은, 선진국을 향한 대한민국의 비전을 세계에 알리는 마케팅 전략이었다. 이는 그야말로 1등 마케팅의 교과서와도 같은 것이다.

대한민국 최고의 빌딩, 롯데월드타워는 신격호 회장님이 남긴 최후이자 최고의 마케팅 작품이다. 회장님은 진정한 브랜딩의 천재였다. 롯데라는 브랜드가 70년이 지난 지금까지도 전혀 시대감각에 뒤떨어지지 않고 있다는 사실이 이를 증명한다.

선구안! 화제를 몰고 다니는 감각이 뛰어난 분!

롯데는 일본과 한국, 두 나라에 야구단을 보유한 유일무이한 기

신격호 회장님은 고객의 신뢰를 얻고 사회와 국가에 이바지하는 기업인의 사명을 깊이 인식하고 계셨다. 대한민국 국민 모두의 자부심인 롯데월드타워, 그 123층 555미터의 위용은 바로 이러한 회장님의 철학이 구현된 결정체이다.

업일 것이다. 이는 신격호 회장님의 최고의 마케팅 전략을 보여주는 단적인 예시다. '구상은 담대하게, 실행은 디테일하게'라는 회장님의 경영철학이 여실히 드러나는 대목이다. 롯데백화점 30주년을 기념한 '꿈 시리즈' 마케팅을 보고드렸다. 29주년 마케팅 예산이 50억이었으나 3배인 150억 규모의 30주년 마케팅 예산을 보고드렸다. 나의 속셈은 예산을 150억으로 보고하면 100억으로 깎을 줄 알았다. 그러나 회장님은 보고 받으신 이후, "온 국민을 기쁘게 해드려라!"라고 말씀하셨다. 그래서 나온 게 '우주여행과 세계일주' 경품 행사였다. 그 후 신문 기사를 보시고, "허허, 손님을 우주로 보낸다"라고 하시며 아주 기뻐하셨다. IMF로 힘들어하는 국민에게 꿈과 희망을 주는 이벤트 마케팅을 좋아하셨다.

　신격호 회장님이 관련된 일화들은 회장님의 기업보국 경영철학을 생생히 보여준다. 회장님은 부실기업이 사회에 끼치는 악영향을 강조하며 책임 경영의 중요성을 역설하셨다. "나라가 있어야 국민이 있고, 국민이 있어야 기업이 있다!"라는 회장님의 말씀은 기업의 사회적 책임에 대한 회장님의 깊은 통찰을 보여준다. 내가 세븐일레븐 대표 시절, 회장님께서는 보고 중 "몇 등이고?"라며 물으셨다. 나는 "3등입니다."라고 답변을 드렸다. 회장님께서는 "1등 해야 한다. 언제쯤 1등 하나?"라며 1등을 향한 강한 집념을 보이셨다. 사업이라면 언제나 1등이어야 한다는 생각이 머릿속에 항상 자리 잡고 계신 분이셨다.

　신격호 회장님이 롯데복지재단을 통해 대한민국 최초로 이국땅에서 의지할 곳 없이 숨진 외국인 근로자의 장례 지원 사업에 각별한 관심을 보이신 것은 그의 개인적 경험과 깊은 연관이 있어 보인다. 일본에서의 사업 초기, 폭격으로 공장이 파괴되고 직원들을 내보내야 했던 아픈 기억이 회장님의 마음 깊은 곳에 각인되어 있었을 것이다.

신격호 회장님은 사원이나 과장의 의견도 과감히 채택하는 열린 마인드의 소유자였다. 1989년, 계장 신분으로 롯데월드 경영개선 TF팀에 속해 있던 시절의 일화가 떠오른다. 온 국민의 환호 속에 개장한 세계 최대 실내 테마파크 롯데월드가 예상외의 적자로 고전하고 있을 때였다. 내가 막내 팀원으로 처음 롯데월드 구경을 하고 놀이 기기도 타 보았다. 시골에서 올라온 내게 롯데월드는 입이 쩍 벌어질 만큼 놀랍고 웅장한 시설이었다.

청춘 남녀의 데이트 장소로 컨셉을 변경하고, 야간 개장을 확대하며, 소규모 판매 시설을 통폐합하자는 의견을 제시했더니, 회장님은 즉시 시행을 지시하셨다. 신속한 개선 작업의 일환으로, 고급화된 소규모 매장들이 철거되고 대형 매장으로의 전환이 이루어졌다. 일반 국민은 잘 모르는 사실이지만, 당시 세계적으로 최고의 인기를 누리던 미국 브로드웨이 오리지널 뮤지컬을 배우진까지 포함해 총 50억 원을 투자하여 유치했다. 하지만 곧 이 공연의 캐스팅을 한국 배우들로 변경하자는 내 의견이 즉시 반영되었다.

이런 경험을 통해 나는 내 제안이 곧바로 회장님의 지시로 이어질 수 있다는 것을 깨달았다. 이는 '내가 회장이라면 이렇게 하겠다'라는 사고방식을 갖게 했고, 결과적으로 더욱 신중하고 책임감 있게 아이디어를 제시하게 되었다. 신격호 회장님의 이러한 열린 리더십은 롯데의 혁신과 지속적인 성장을 이끄는 핵심 동력이 되었다.

일본 SEGA와의 합작 사업, 그리고 부산백화점 옥상 게임시설의 오픈과 폐기 사건 때의 일화다. 회장님께서는 말단 직원이나 과장의 의견까지도 존중하는 열린 리더십의 소유자셨다. 내가 신규사업 기획과장으로 근무하던 시절, 회장님은 일본 SEGA와 기술을 도입해 백화점 상층부에 게임장을 만들라는 야심 찬 지시를 내리셨다. 그러나 면밀한 검토 결과, 사업성에 의문이 제기되었다. 우리나라는 게임 시장의 주 고객층이 어린이와 청소년에 국한되어 있다는 점과 가격 차이가 큰 문제였다. 게임 가격이 일본의 100엔에 비해 한국은 100원으로, 실질적인 가격이 5분의 1 수준이었다. (94년도 환율 기준) 게다가 SEGA 게임기 수입 관세가 30%나 되어 투자 대비 수익성 저조로 적자가 불가피해 보였다.

이러한 우려를 담은 첫 보고에도 불구하고, 회장님은 더욱 적극적인 검토를 지시하셨다. 심지어 동경 오다이바의 SEGA JOY POLIS(게임장이 포함된 대형 테마파크형)를 직접 방문해 체험해 보라는 지시까지 내리셨고, 나는 강 사장님과 함께 난생처음 기구를 타며 게임도 하는 경험을 하게 되었다. 그 당시 회장님께서는 백화점 식당가 위층에 흥미로운 시설을 유치하려는 마케팅 구상을 하고 계셨던 것 같다. 재검토 후에도 사업 구조상 적자가 예상된다는 보고가 이어졌다. 회장님보고 후에 강 사장님은 나를 불러, 난감한 표정으로 "이 사업 정말로 안되나? 회장님이 꼭 하고 싶어 하시는데?"라고 물었다. 나는 "제 판단으로는 큰 적자가 예상되고,

회장님은 더욱 대담한 구상을 내놓으셨다. 전 세계에 존재하는 모든 물고기를 볼 수 있는 세계 최대 규모의 수족관을 지하에 만들고, 지상 절반은 여름 해변을 또 다른 절반은 겨울 스키장을 동시에 구현하는 것을 검토해 보라고 하셨다.

안되는 사업입니다."라고 답변할 수밖에 없었다.

  그러나, 마침내 회장님이 SEGA 회장과의 만남에서 이미 한국 사업을 롯데가 하기로 구두 약속했다고 고백하시면서 난감해하셨다. 비즈니스의 근간은 신뢰다. 오너의 약속은 그 무엇보다 중요하다. 10억 엔의 기술 도입료 약속까지 언급되자, 깊은 고민에 빠질 수밖에 없었다. 일본 SEGA 측은 한국 내 게임 사업의 성공을 확신하며 변호사까지 대동하고 약속 이행을 압박해 왔다. 고심 끝에 양사의 사업성 판단 차이를 인정하고, 롯데와 SEGA가 각각 50%씩 투자하여 몇 년간 운영 후 사업성을 재평가하기로 했다.

  결과적으로 예상대로 적자가 발생하여 사업을 접게 되었다. 지금 돌이켜 보면, 오프라인 게임 사업은 어려워도 게임 소프트웨어로 사업을 확장하여 생각했다면 큰 비즈니스 기회였을지도 모른다는 아쉬움이 남는다. 회장님의 먼 미래를 내다보는 큰 포석을, 실무자의 근시안적인 사업타당성분석으로 제대로 받들지 못한 것 같아 깊은 아쉬움이 남는다.

  아, 그리운 신 회장님! 사랑하고, 존경합니다.

신격호 회장님은 사원이나 과장의 의견도 과감히 채택하는 열린 마인드의 소유자였다. 청춘 남녀의 데이트 장소로 컨셉을 변경하고, 야간 개장을 확대하며, 소규모 판매 시설을 통폐합하자는 의견을 제시했더니, 회장님은 즉시 시행을 지시하셨다.

롯데면세점의
역사 창조

최영수
롯데면세점 전 대표이사

　　1978년, 호텔사업의 부대 시설로 면세점을 구상하던 시절에 있었던 일화이다. 이때 신격호 회장님께서 보여주신 혜안에 깊은 존경을 표하는 바이다. 당시 외국인 전용으로 시작된 면세점은 주로 일본인 관광객과 교포가 대부분이었다. 신용카드가 보편화되지 않았던 그 시절, 일본 엔화로 이루어진 거래는 국가의 귀중한 외화 수입원이 되었다. 조흥은행 직원들이 하루에 두 번씩 외화를 수거해 가는 광경은 당시 우리나라의 경제 상황을 생생히 보여주는 한 장면이었다. 면세점은 단순한 쇼핑 공간을 넘어 한국 방문의 주요 목적이 되었다. 이는 관광산업의 활성화로 이어져, 당시 볼거리가 부족했던 한국에 새로운 생기를 불어넣었다. 고용 창출과 인재 교육에도 이바지했다. 여고 졸업생과 전문대학 졸업생들에게 새로운 기회의 장을 열어주었고, 어학과 예절, 서비스 교육을 통해 글로벌 스탠다드에 부합하는 인재를 양성했다.

면세점 사업 준비 과정에서 신격호 회장님의 철저함이 돋보였다. 회장님의 지시로 직원들은 일본 미쯔코시, 다까시마야 백화점, 뉴오타니 명품가와 임페리얼프라자 명품 판매장, 그리고 파리, 밀라노, 홍콩의 명품 판매장을 직접 방문하여 연구했다. 이에 따라 명품에 대한 경험이 전혀 없었던 우리는 어느 정도 안목과 지식을 갖추게 되었다.

특히 구찌 브랜드 입점에 대한 회장님의 집념은 대단했다. 그 당시에도 일본에서 구찌의 인기가 최고이니 구찌를 반드시 입점시켜야 한다고 말씀하셨다. 1979년 8월, 끈질긴 노력 끝에 구찌와의 계약이 체결되어 한국 면세 산업의 새 지평을 열었다. 신격호 회장님이 너무 기뻐하시며 타자기로 작성된 계약서에 직접 서명하셨다. 이는 면세점 역사상 회장님이 직접 서명하신 최초이자 유일한 계약서이다. 나는 그 계약서 사본이 면세점 역사의 귀중한 증거라고 생각하여 아직도 소중히 보관하고 있다.

면세점 사업은 해외명품이 하나씩 입점되고 꾸준히 성장하여 세계 1위의 위치에 오르는 쾌거를 이루기도 하였다. 회장님의 리더십은 단순히 성과만을 추구하는 것이 아닌, 직원들의 사기와 성장을 중요시하는 경영자의 모습을 보여줬다.

어느 날, 면세점 실적이 부진했을 때의 일화이다. 모든 직원이 많이 혼날 것을 각오하고 회장님께 보고드렸다. 면세점 모든 직원이 사기가 저하되어 보고하는 목소리 자체가 힘이 없었다. 회장님께서는 부진한 실적을 보고받으시곤 야단치시기는커녕 이유를 철저히 분석해 다음번에는 개선된 실적을 보고하라며 오히려 격려해 주셨다. 혼날 것을 예상했던 직원들이 보고를 마치고 항상 실적대로만 반응하시는 회장님이 아니시구나, 생각하면서 다음 보고를 위해 더욱 열심히 하지 않을 수 없었다.

반면, 실적이 두 배로 늘었을 때 회장님의 반응은 또 다른 교훈을 주었다. 보고 전 회장님의 기뻐하시는 모습과 칭찬을 예상했는데 의외로 그 실적을 보고 받으시고는 "작년에 내가 매장을 두 배로 늘려 줬잖아"하시면서 칭찬을 하지 않으셨다. 이는 성과에 안주하지 말고 끊임없이 노력하라는 무언의 가르침이었다.

신격호 회장님은 면세점을 통해 한국의 위상을 높이는 데도 힘쓰셨다. 일본의 유명 인사들을 면세점으로 초대해 한국의 발전상을 보여주고는 하셨다. "이제부터는 일본 관광객들이 유럽이나 홍콩 등 먼 곳까지 가지 않고도 인접한 한국에서 면세 쇼핑을 할 수 있다." 회장님의 이러한 설명에 일본에서 온 지인들은 한결같이 기쁨을 표하며 환하게 웃었다.

특히 전임 후쿠다 수상의 방문 때 있었던 구두 에피소드는 회장님의 세심한 배려와 고객 중심 사고를 잘 보여주는 일화이다. 전임 후쿠다 수상이 구두 한 켤레 사시겠다고 말씀하시어 구두 코너로 안내했다. 당시에 판매 중이던 구두의 가장 작은 치수는 255mm였다. 후쿠다 수상은 체격이 작았기에 255mm 구두를 신어보았지만,

AGREEMENT

This agreement, made and entered into as of the 1st day of August, 1979, by and between :

GUCCI COMPANY LIMITED, a company incorporated under the Laws of British Crown Colony of Hong Kong and having its Head Office at The Peninsula Hotel, Salisbury Road, Kowloon, in the said Colony of Hong Kong (hereinafter referred to as "the Supplier") and,

HOTEL LOTTE CO., LTD. a corporation organized and duly incorpor... der the Laws of Korea, located at 1, Sogong-Dong, Chung-Ku, Se... rea (hereinafter referred to as "the Retailer")

WITNESSETH :

the Supplier is the franchisor and regional office f... ather products and clothing as well as accessory items under ... yle, name, logo and trade mark of "GUCCI", the property of M... CCIO GUCCI SOC. R. L., whose registered Head Office is locat... VR via Tornabuoni, Firenze, Italy.

the Supplier has agreed to appoint the Retailer as ... exclusive agent within the territory of Seoul City in Kor... ailing of the said articles as selected between the Suppli... Retailer upon mutual approval.

therefore, in consideration of the mutual promises and ... forth herein, the parties hereto agree as follows :

The location, design and architecture of the Ret... tique and any and all modifications and improvements are ...

Executed by the GUCCI COMPANY LIMITED
in accordance with its Constitution

GUCCI COMPANY LIMITED

Director/General Manager
Kerry Y. Oba...

Executed by HOTEL LOTTE CO., LTD.
in accordance with its Constitution

Mr. Shin, Kyuk - Ho
President

In presence of :

1979년 8월, 끈질긴 노력 끝에 구찌와의 계약이 체결되어 한국 면세 산업의 새 지평을 열었다. 신격호 회장님이 너무 기뻐하시며 타자기로 작성된 계약서에 직접 서명하셨다. 이는 면세점 역사상 회장님이 직접 서명하신 최초이자 유일한 계약서이다.

여전히 치수가 컸다. 노년층 일본인들의 발이 매우 작다는 얘기를 들었던 적이 있는데, 후쿠다 수상의 경우 정말로 발이 작았다. 회장님은 난감한 표정으로 상황을 지켜보다가 해결책을 제시했다. '저희가 더 좋은 소재로 주문 제작하여 일본으로 보내 드리겠습니다'라고 말씀하셨다. 약속대로 후에 맞춤 제작한 구두를 일본으로 발송했다.

롯데의 김포공항 면세점 진출과 관련된 일화도 소개할 만하다. 김포공항에 관광공사의 면세점만 있던 때였다. 롯데면세점의 입찰 성공으로 김포공항 입점이 확정됐다. 관광공사 면세점 매출은 반토막 날 것이라는 비관적 전망을 하는 시각도 있었지만, 반전이 일어났다. 롯데의 참여로 새로운 고객층을 김포공항 면세점으로 끌어들였고, 이는 전체 시장의 파이를 키우는 결과로 이어졌다. 롯데는 혁신적인 서비스와 뛰어난 상품력으로 신규 매출을 창출했고, 놀랍게도 관광공사의 매출 역시 기대 이상으로 신장하였다. 롯데가 도입한 세련된 인테리어, 효과적인 조명, 그리고 차별화된 서비스는 업계 전반에 새로운 기준을 제시했다. 이에 자극받은 관광공사 역시 변화의 물결에 동참할 수밖에 없었다. 결과적으로 롯데의 진출은 한국 면세 산업 전체의 수준을 한 단계 끌어올리는 촉매제 역할을 했다. 업계 관계자들은 한목소리로 롯데의 참여가 가져온 긍정적인 변화를 인정하고 칭찬을 아끼지 않았다. 김포공항을 통해 출국하실 때마다, 회장님은 눈에 띄는 빨간색 롯데면세점 간판과 화사한 빨간 유니폼을 입은 매장 직원들을 바라보며 깊은 자부심을 느끼셨다. 회장님의 눈빛에서 면세점 사업에 대한 애정과 성공의 기쁨이 고스란히 읽혔다.

　인천국제공항의 개점은 롯데면세점의 또 다른 도약의 계기가 되었다. 김포와는 비교할 수 없을 만큼 거대한 규모의 인천공항 롯데면세점을 바라보는 회장님의 얼굴에는 뿌듯함이 가득했다. 역시 눈에 잘 띄는 롯데면세점 내에 손님이 북적이는 모습을 보시고 흐뭇해 하시며, 탑승구까지 모시고 가려는 내 동행을 부드럽게 거절하시며 이렇게 말씀하셨다. "저렇게 많은 손님이 기다리고 있는데, 어서 가봐라." 탑승구를 향해 홀로 걸어가시는 회장님의 뒷모습은 오늘도 내 마음속에 아름답게 남아있다.

　또한, 신격호 회장님의 업적 중 마지막으로 알리고 싶은 내용이 있다. 그것은 바로 면세점 사업을 통한 국가 관광산업 발전에 대한 회장님의 선구자적 역할이다. 당시 면세점은 외국인 전용이었고, 고객의 대부분은 일본인과 교포였다. 외국인 입국객의 70~80%가 일본인이었던 그 시절, 한국 방문 관광객의 방문 목적 1위는 면세점 쇼핑이었다. 이는 먹거리와 관광을 제치고 압도적인 1위를 차지했다.

　한국에 관광객 중 많은 이들이 면세점 쇼핑으로 인해 관광 경비가 절감된다고 말했다. 이는 과장된 말이 아니었다. 면세점의 가격이 일본 내수 가격보다 30~40% 저렴했기 때문이다. 이러한 가격 경쟁력은 일본인들을 한국으로 이끄는 강력한 유인이 되었다. 면세점 쇼핑을 목적으로 한국을 방문한 일본인들은 자연스럽게 한국에서 식사하고, 물건을 사고, 관광을 즐겼다. 이는 결과적으로 국가 관광산업 발전의 초석을 다지는 역할을 했다.

당시는 신용카드가 보편화되지 않은 시절이었다. 일본 관광객들은 지갑에 만 엔짜리 지폐를 두둑이 넣고 다니며 한국에서 마음껏 소비했다. 이는 외화 획득은 물론, 국가 관광산업 발전에 크게 이바지했다. 신격호 회장님은 이러한 면세점의 역할을 명확히 인식하고 계셨다. 그는 면세점 사무실에 "외화획득사해위명(外貨獲得四海威名)"이라는 큰 액자를 걸어두었다. 이는 "외화를 획득하여 사해(四海)에 명성을 떨친다"라는 의미로, 면세점 사업의 국가적 중요성을 강조한 것이다.

우리는 회장님의 이러한 뜻에 따라 외화 획득과 국가 관광산업 발전에 이바지한다는 사명감과 긍지를 가지고 일했다. 지금도 나는 그 시절을 자랑스럽게 회상한다. 신격호 회장님은 단순히 기업의 이익만을 추구하는 경영인이 아니었다. 회장님은 기업 활동을 통해 국가 경제에 기여하고, 나아가 국가의 위상을 높이는 것을 궁극적인 목표로 삼으셨다. 이러한 회장님의 비전과 실천은 오늘날 한국 관광산업의 바탕을 이루었다고 해도 과언이 아니다. 회장님의 업적을 되새기며, 나는 다시 한번 신격호 회장님께 깊은 존경의 마음을 표한다.

나는 일하는 것이 아니야, 내 삶이야.

이철우
롯데쇼핑 전 대표이사

기업가 정신, 즉 Entrepreneurship은 전문경영인과 구분되는 특별한 자질을 일컫는 말이다. 신격호 회장님과의 독대나 현장 수행 중 나눈 대화들은 언제나 경영 상황, 신규 사업 구상, 그룹이나 각 사의 문제점 해결에 집중되어 있었다. 회장님의 관심사는 오로지 사업, 그리고 어떻게 하면 더 나은 성과를 낼 수 있을지에 대한 열정으로 가득 차 있었다.

이러한 열정은 삼성의 이병철 회장과도 놀랍도록 닮아 있었다. 나는 이 두 거인을 통해 조지프 슘페터(Joseph A. Schumpeter) 교수가 제시한 기업가 정신의 살아있는 모범을 목격할 수 있었다. 끊임없이 이윤을 창출하고 이를 사회에 환원하며, 기술 혁신과 창조적 파괴에 앞장서는 이들의 모습은 바로 국가 경제와 사회 발전의 원동력 그 자체였다.

80대 중반이 되었을 때도, 신격호 회장님의 열정은 식을 줄 몰랐다. 어느 날 독대가 끝나갈 무렵, 나는 회장님의 건강을 걱정하며 조심스럽게 말을 꺼냈다. "회장님, 이제는 좀 쉬엄쉬엄 일하시지요. 반나절만 보고 받으시고 공휴일도 좀 여유 있게 보내시면 좋겠습니다."

잠시 침묵 후, 회장님은. "여보게, 이사장! 나는 일하는 것이 아니야. 이것은 나의 삶이야! 내 삶이란 말이야!" 그리고 이어서 "나는 백 살까지 할 것이야."라고 하셨다. 그 순간 나는 망치로 머리를 얻어맞은 듯했다. '어이쿠, 내가 큰 잘못을 했구나'라는 생각이 스쳐 지나갔다.

회장님의 말씀은 마치 이렇게 들렸다. "내 삶을 네가 짧게 하려는구나! 너는 내가 너희들처럼 일하는 것으로 보지만 아니다. 이것은 바로 내 삶인데 네가 왜 이러쿵저러쿵하느냐?" 평소 일할 때 열정이 솟구치는 사람은 일 속에서 행복을 느낀다고 하신 말씀이 떠올랐다.

그 이후로 나는 다시는 그런 말씀을 드릴 수 없었다. 회장님은 우리 전문경영인들과는 완전히 다른 차원에서 삶을 영위하고 계셨다. 보통 사람들은 일을 부담스러워하고, 쉬고 싶어 하고, 놀고 싶어 한다. 하지만 회장님에게 일은 단순한 노동이 아닌, 삶 그 자체였다. 일을 즐기며 사는 삶, 그것이 바로 회장님의 모습이었다.

"子曰, 知之者 不如好之者, 好之者 不如樂之者 (자왈, 지지자 불여호지자, 호지자 불여락지자)"

공자의 말씀이 떠오른다. "어떤 사실을 알려는 사람은 그것을 좋아하는 사람만 못하고, 좋아하는 사람은 즐기는 사람만 못하다." 이 말씀처럼, 공부든 사업이든 어쩔 수 없이 하는 사람은 결코 즐기며 하는 사람을 이길 수 없다고 하지 않던가?

열정과 집념의 결실
'롯데월드타워'

신격호 회장님이 80세 중반을 바라보실 무렵의 일이다. 그룹 내외와 관련된 이런저런 이야기를 나누던 중, 회장님의 안타까운 마음이 전해져 왔다. 제2단지 잠실 초고층 사업(현재의 롯데월드타워)이 뜻대로 진행되지 않아, 건축허가를 받을 수 있을지 노심초사하고 계셨다.

"일본에서는 지방자치단체장들이 지역 발전을 위한 대형 프로젝트를 적극적으로 유치하고, 관련 문제 해결과 법적 지원을 제공하는 경향이 있다. 우리나라에서도 기업가들이 대규모 프로젝트를 통해 사회에 이바지하고자 하는 사업에 대해서는 이러한 지원과 협력적 환경을 조성하기 위해 어떤 노력이 필요할지 고민해 볼 필요가 있다."고도 말씀을 하셨다. 시간이 유수와 같이 흘러가는 것을 안타까워하시는 회장님의 모습이 아직도 선명하다.

회장님은 이어서 말씀하셨다. "잠실 제2단지 초고층 빌딩을 올리면 그 자체로는 십수 년이 걸려도 적자를 면치 못하기 때문에 투자를 꺼리는 게 당연했다. 사실 이런 프로젝트는 먼 미래를 보고 사회·경제 발전에 이바지하겠다는 사명감 없이는 시도하기 어려운 일이다." 실제로 당시 초고층 빌딩을 세우려던 몇몇 재력가들이 있었지만, 신격호 회장님 외에는 모두 중도에 포기했다.

우여곡절 끝에 사업 추진 15년 만에 롯데월드타워가 완공되어 대한민국을 상징하는 랜드마크가 된 것은 실로 다행이다. 오랫동안 곁에서 지켜본 나는 이 모든 것이 신격호 회장님의 집념이 이뤄낸 결실이며, 회장님의 열정이 있었기에 가능했다고 확신한다. 누가 뭐라 해도 회장님의 나라 사랑과 사업보국의 정신을 높이 평가하지 않을 수 없다.

나는 운 좋게도 롯데에서 퇴직할 때까지 38년이나 신격호 회장님을 가까이에서 모실 수 있었다. 백화점 유통 사업 창설 단계부터 참여하여, 회장님의 지도로 대한민국 최고 유통그룹으로 성장하는 과정에 이바지할 수 있었다. 롯데가 최고의 유통그룹이 된 것은 전적으로 신격호 회장님이 계셨기에 가능했다. 그분이 계셨기에 나는 미력하나마 내 능력을 발휘할 수 있었고, 따뜻한 격려 속에서 사랑받으며 보람 있는 삶을 살 수 있었다.

신격호 회장님은 '거화취실(去華就實)'의 기업가 정신을 바탕으로 이를 실천하며 롯데그룹을 창업하고 키워내셨다. 회장님은 사업보국의 모범을 보여주신 큰 어른이셨다. 빈손으로 오신 것처럼 빈손으로 가셨으나, 회장님이 남기신 발자취는 우리 롯데와 많은 경영인들에게 큰 자산이자 본보기가 될 것이다. 회장님의 열정과 집념, 그리고 사업보국의 정신은 우리의 가슴속에 영원히 살아있을 것이다.

* 이 글은 필자의 회고록 『이담가화, 2021년 비매품』 "기업인 신격호"를 참고하였습니다.

"IISI 총회 유치부터
한류 열풍까지"

노영우

롯데JTB 전 대표이사

나는 공채 10기로 운 좋게도 롯데호텔에 발령이 나서, 신입사원 시절부터 신격호 회장님을 가까이에서 뵐 수 있는 기회가 자주 있었으니, 이는 그야말로 행운이었다. 수수한 점퍼 차림의 모습을 자주 뵈었던 기억이 생생하다. 거대 기업의 수장이라기보다는 친근한 이웃 어르신 같았다.

필자가 롯데호텔 본관에서 정부 및 공공기관, 주요 기업체의 영업을 담당한 시절 주요 거래처 중 하나인 포항제철(POSCO)에서 대형 국제회의를 서울에서 거행한다는 정보를 입수하고 판촉을 꾸준히 하였다. 그 국제회의는 국제철강협회(IISI : International

Iron & Steel Institute)에서 열리는 총회였다. IISI는 세계 철강 산업의 이해 및 복리 증진과 정보교류, 현안 토의 등을 목적으로 1967년 7월 10일 설립되어, 1996년도에 52개국의 196개 업체 회원을 보유하고 있다. 미국의 US Steel, 일본의 신일본제철을 비롯한 세계 각국의 대형 제철소 대표들이 한 자리에 모이는 이 회의는, 철강 산업의 미래를 좌우할 중요한 자리였다. 매년 열리는 이 회의에서는 업계의 현안들이 심도 있게 논의되곤 했다.

특히 이 회의는 포항제철 설립의 신화를 일군 박태준 회장님이 직접 유치한 것이어서 더욱 의미가 깊었다. 많은 이들이 알고 있듯, 이는 대한민국의 위상을 세계에 알리는 중요한 행사였다. 1988년, 한국에서 이 회의가 열리기로 결정되었을 때, 롯데호텔 직원 모두는 이 역사적인 순간을 롯데호텔에서 빛내고자 하는 열망으로 가득 찼다.

당시의 상황을 되돌아보면, 포항제철의 박태준 회장님은 88 올림픽 개최와 IISI 총회를 통해 세계 철강업계 리더들에게 급속도로 발전하는 대한민국과 포항제철의 위상을 홍보하는 기회로 삼으셨을 것이다. 신격호 회장님과 깊은 친분을 유지하고 있던 박태준 회장은 서울의 심장부인 소공동에 있는 롯데호텔에서 IISI 총회를 개최하기로 결심하고, 이를 위해 지속적인 노력을 기울였다. 그러한 노력 덕분에, 1988년 제22차 IISI 연례총회가 서울 롯데호텔에서 열리는 것이 확정되었고, 결과적으로 32개국 581명의 인원이 참가하였다.

POSCO의 국제회의 실무진들과 나는 여러 번의 회의와 호텔 답사를 통해 객실, 레스토랑, 컨벤션홀 등의 시설이 적합하다는 결론을 내렸다. 그러나 한 가지 큰 걸림돌이 있었다. 바로 회의 참가자들을 위한 적절한 규모의 오찬 및 만찬 장소가 호텔 내에 부재하다는 점이었다. 당시 롯데호텔은 2층에 700~800명을 수용할 수 있는 대형 연회장인 Crystal Ball Room을 갖추고 있었으나, 중형 규모의 연회장은 없었다.

이 문제점을 인지한 나는 즉시 호텔 중역과 대표에게 보고를 올렸다. 동시에 POSCO 측에서도 박태준 회장에게 이 사실을 전달했다. 이에 박태준 회장님은 롯데그룹의 신격호 회장님께 직접 연락을 취해 적절한 오찬 장소를 물색해 달라고 요청했다.

신격호 회장님은 이 요청을 받자마자 즉석에서 해결책을 모색하겠다고 약속했다. 그리고 일사천리로 호텔 3층에 입점해 있던 조흥은행(현 신한은행으로 합병) 소공동 지점과 몇몇 임대 점포들을 원만하게 이전시키고, 그 자리에 Sapphire Ball Room이라는 새로운 연회장을 신설하였다.

이러한 신속하고 과감한 결정 덕분에 IISI라는 고품격 국제회의를 성공적으로 개최할 수 있었다. 이는 롯데호텔의 국제회의 수행 능력을 한 단계 높이는 계기가 되었으며, 이후에도 3층의 연회장을 활용해 수많은 대형 국제회의를 유치하는 밑거름이 되었다. 그 당시, 신격호 회장님의 결단력이 없었다면 롯데호텔(소공동)은 영업에 상당한 지장을 초래했을 것이 분명하다.

신격호 회장님의 선견지명과 열정을 보여주는 또 다른 일화가 있다. 1980년대, 현대그룹은 매년 초 주한 외교 사절단을 초청해 화려한 신년 만찬회를 개최했다. 이 행사가 롯데호텔에서 열릴 때면, 신격호 회장님은 종종 홀로 롯데호텔을 방문하여 행사를 멀리서 지켜보곤 했다. 이는 아마도 정주영 회장님과의 친분에 의한 각별한 관심의 표현이었을 것이다.

1990년, 대한민국은 러시아와 수교를 맺으며 북방 외교의 새로운 장을 열었다. 경제계 또한 발 빠르게 러시아 시장 개척을 위해 한-러 경제협회를 설립했다. 초대 회장으로 현대그룹의 정주영 회장님이 선임되어, 본격적인 러시아 시장 진출을 준비하기 시작했다.

1991년 초, 롯데호텔에서 개최된 현대그룹 신년 만찬회에서 중요한 만남이 이루어졌다. 정주영, 신격호 회장님의 회동이 그것이다. 이 자리에서 정주영 회장은 한-러 경제협회 회장 자격으로 러시아 시장의 잠재력과 전망에 대해 신격호 회장님께 상세히 설명했다. "아우님"이라고 친근하게 부르며 격의 없는 대화를 나눈 두 거인은 러시아 경제 발전에 대한 비전을 공유했다.

이 만남은 신격호 회장님의 비즈니스 방향에 중대한 영향을 미쳤다. 회장님은 이후 러시아 시장에 깊은 관심을 보이기 시작했고, 이는 롯데그룹의 러시아 진출로 이어졌다. 우여곡절 끝에 2010년 9월 13일, 롯데호텔의 첫 해외 체인인 롯데호텔 모스크바가 문을 열었다. 이는 단순한 호텔 개관이 아닌, 한국 기업의 러시아 진출이라는 역사적인 순간이었다. 신격호 회장님의 선견지명과 과감한 결단은 시간이 지나며 그 가치를 입증했다. 2024년 현재 러시아에는 4개의 롯데호텔이 운영 중이다.

2002년 12월, 홍콩에서 시작된 SARS(중증 급성 호흡기 증후군)는 전 세계를 공포에 몰아넣었다. 9.6%에 달하는 높은 사망률을 보인 SARS는 한반도에도 상륙하여 전국을 떨게 했다. 당시 나는 롯데 면세점에 근무 중이었다. 2000년대 초반, 롯데 면세점의 주요 고객층은 일본인 관광객이었다. SARS의 영향으로 2003년 초부터 일본인 관광객이 급감하면서 면세점은 개점휴업 상태에 이르렀다. 이는 관광업계가 한 번도 겪어보지 못한 초유의 사태로, 업계 전체가 충격에 빠졌다.

이 위기를 타개하기 위해 우리는 일본 현지 관광업계의 대응 방식을 파악하고 면세점 활성화 대책을 수립하고자 일본으로 출장을 떠났다. 마지막 방문지였던 후쿠오카의 작은 여행사에서 우리는 중요한 발견을 했다. 그들이 한류 상품, 특히 '겨울연가'(배용준, 최지우 주연)를 기획 판매하고 있었다.

이 발견을 바탕으로 귀국 후 일본 내 한류 열풍을 면밀히 조사했고, 롯데면세점은 과감한 결정을 내렸다. 배용준을 모델로 기용하여 대대적인 광고와 홍보를 시작한 것이다. 마침 SARS의 확산세가 꺾이면서 여행 시장이 회복되기 시작했고, 이와 맞물려 일본 내 한류 열풍이 급속도로 확산하였다. '겨울연가'와 배용준은 일본에서 최고의 인기를 구가했고, 이는 롯데 면세점의 기록적인 매출 증가로 이어졌다.

이 성과를 회장님께 보고드리는 자리에서, 신격호 회장님은 파격적인 결정을 내리셨다. 즉각적으로 배용준을 모델로 한 롯데 면세점 광고를 일본 전역에 TV로 송출하라는 지시였다. 이 결정은

2010년 9월 13일, 롯데호텔의 첫 해외 체인인 롯데호텔 모스크바가 문을 열었다. 이는 단순한 호텔 개관이 아닌, 한국 기업의 러시아 진출이라는 역사적인 순간이었다. 신격호 회장님의 선견지명과 과감한 결단은 시간이 지나며 그 가치를 입증했다. 롯데호텔 첫 해외 체인인 롯데호텔 모스크바가 2010년 9월 13일 개관하였으며 2024년 현재 러시아에는 4개의 롯데호텔이 운영 중이다.

롯데 면세점의 위상을 높이는 것은 물론, 한류 붐을 최고조로 끌어올리는 계기가 되었다. 지금의 K-POP, K-Drama, K-Food 열풍의 초석을 다진 순간이었다고 해도 과언이 아니다.

당시에도 회장님은 한류에 지대한 관심을 보이시며 관계자들을 격려하셨다. 회장님의 시장을 보는 탁월한 예지력과 영업 감각은 천부적이라는 생각이 들 정도였다. 아마도 재계의 어른 중 회장님만큼 배용준 씨를 아낀 분은 없었을 것이다.

마지막으로, 내가 그룹 내 여행사 대표로 재직할 당시의 일화가 떠오른다. 수시로 회장님께 보고를 드렸는데, 연로하신 탓에 예전처럼 명철한 지시를 많이 받아보지는 못했다. 그러나 어느 날 유학 사업에 대해 보고드릴 때, 회장님은 갑자기 인재 개발에 대해 언급하셨다. 배석한 부회장에게 "요즘 그룹의 인재 개발은 어떻게 진행되고 있냐?"고 물으시더니, 그룹의 미래는 유능한 인재를 선발하고 교육해 그들이 회사에서 능력을 발휘하도록 하는 데 있다고 강조하셨다.

이 장면을 직접 목격하면서, 나는 회장님이 항상 인재 개발에 대한 강한 의지를 갖고 계셨음을 깨달았다. 회장님의 이러한 철학이 오늘날 롯데그룹의 성공을 이끈 핵심 동력이 되었음을 확신한다.

"재계의 이방인에서
대한민국 경제 거인으로"

이낙용
롯데케미칼 전 대표이사

　　　　　　롯데 장학재단에서 신격호 회장님의 추모집을 준비한다는 소식을 들었을 때, 처음에는 나와 무관한 일이라 여겼다. 2005년, 재정난에 시달리던 내가 근무하던 회사가 롯데그룹에 합병되면서 나는 늦은 나이에 롯데의 일원이 되었고, 그마저도 현역의 마지막 기간을 영국에서 보내다 퇴직했기에 회장님과 직접 교류할 기회가 없었다. 하지만 장학재단의 권유와 함께, 내 직장 생활의 마지막을 품어준 롯데그룹에 대한 깊이 감사함, 그리고 알면 알수록 더욱 존경하게 된 회장님에 대한 생각들이 내 마음을 움직였다. 이제 나는 그 생각들을 정리하며 이 글을 써 내려가고 있다.

롯데그룹에 발을 들이고 나서 가장 먼저 놀란 것은 그룹 구성원들의 애사심과 회장님에 대한 존경심이 남다르다는 점이었다. 당시 롯데의 급여 수준이 다른 대기업에 비해 그리 높지 않았음에도 불구하고, 어떻게 이런 강한 유대감이 형성될 수 있었을까? 이는 내가 여러 그룹을 거치며 한 번도 경험하지 못한 현상이었고, 롯데에서의 생활을 통해 시간을 들여 풀어나가야 할 숙제가 되었다.

두 번째로 나를 놀라게 한 것은 그룹 전반의 뛰어난 재무 건전성이었다. 이는 아마도 신격호 회장님 개인의 삶과 깊은 연관이 있을 것이다. 한국의 성장기에 leverage 란 명목으로 무작정의 부채와 확장으로 성장한 대부분 한국 기업들과 달리, 이국땅에서 오직 자신만을 믿고 사업을 일궈온 한국인 기업가로서 회장님은 차곡차곡 착실한 성장의 철학을 몸소 체득하셨을 것이다. 이러한 내실 있는 경영철학이 IMF 외환위기와 2008년 미국발 세계 금융위기를 오히려 사업 확장의 기회로 삼을 수 있는 원동력이 되었음이 틀림없다.

세 번째 깊은 인상은 주변 사람들에게서 자주 들었던 회장님의 일에 대한 열정과 사람에 대한 사랑이었다. 지금 퇴직한 나와 교류하는 이들 대부분은 자신의 청춘을 롯데에 바치며 회장님과 함께 롯데의 성장을 일궈낸 분들이다. 그 분들에게서 휴일도 없이 현장을 찾아 꼼꼼히 점검하시던 회장님, 모든 식음료 시제품을 직접 시식하며 품평하시느라 당뇨를 걱정했다는 일화, 그리고 날카로운 직관으로 난제를 해결해 나가던 순간 등 무수한 일화들을 들을 수 있었다. 끊임없이 점검하며 때로는 매섭게 질책하고 때로는 따뜻하게 격려하는 건 구성원들을 가르치고자 하는 애정과 열정 때문이었으리라. 이런 점들이 구성원들이 회사에 대한 사랑을, 회장님에 대한 존경심을 갖게 된 이유일 것이다.

마지막으로, 그리고 가장 깊이 와닿은 것은 회장님의 뛰어난 애국심이었다. 한국의 고도 성장기에 정부의 전폭적인 지원을 받아 도약한 다른 그룹들과는 달리, 신격호 회장님은 어린 나이에 홀로 일본으로 건너가 큰 사업을 일으키고, 이후 그 모든 역량을 조국의 발전을 위해 쏟아부었다. 이는 한국 경제사에서 유례를 찾기 힘든 특별한 여정이었다.

한국을 크게 발전시키는데 기여한 우리 세대가 기억하는 몇 분의 기업가가 계신다. 여러 방면에서 현대화를 이끈 삼성의 이병철 회장님, 중공업 발전에 크게 이바지한 현대의 정주영 회장님, 그리고 '수출보국'을 외친 대우의 김우중 회장님 등이 그들이다. 그런데 롯데의 일원이 되어 신격호 회장님의 참모습을 알아갈수록, 나는 회장님이 대중에게는 상대적으로 덜 알려졌을지 모르나, 결코 이들에 뒤지지 않는 또 한 명의 거인임을 깨달았다.

한국 산업의 여명기에 신격호 회장님은 선견지명으로 철강 산업의 중요성을 간파하고 이를 계획했다. 비록 정부의 조정으로 호텔, 제과, 유통 산업을 맡게 되었지만, 회장님은 이를 통해 롯데그룹을 일으켜 유통 대기업으로 우뚝 서게 했다. 회장님의 진정한 위대함은 누구보다도 깊은 애국심을 실천한 기업가라는 점에 있다.

이국땅에서 차별을 극복하고 일군 부를 아낌없이 조국으로 가져와 국가 발전에 헌신하고, 일본에서 재일교포들을 음으로 양으로 지원한 회장님의 모습은 진정한 애국자의 표상이었다.

나는 롯데 일원으로서 일했고 지금은 퇴직 후 여러 모임에서 여러 기회로 롯데 가족들과 교류하며 아직도 회장님에 대한 일화를 종종 들으며 그분에 대한 경외심을 높여가고 있다. 마음으로부터 존경하게 된 것이다.

본인을 제품개발자로
자청하시던 회장님

박정환

롯데KKD(현 롯데GRS) 전 대표이사

150여 명의 연구진으로 구성된 중앙연구소는 그룹 내 식품 개발의 심장부였다. 2024년 현재는 그 규모가 더욱 확장되었지만, 90년대부터 2010년대까지 인원 T/O를 늘리기 위해서는 회장님의 직접적인 승인이 필요할 정도로 중요한 사안이었다. 이는 회장님께서 연구 개발에 얼마나 큰 비중을 두셨는지를 여실히 보여준다.

매년 연말, 중앙연구소 운영계획 보고는 회장님의 세심한 관심 속에 이루어졌다. 연구 개발 방향 설정, 연간 예산, 인력 증원 사유 등 구체적인 내용이 논의되었다. 한 명의 연구원이 무엇을 할 것인가에 대해서도 관심을 가지셨던 세심하셨던 회장님.

두 달에 한 번씩 소공동 회장님 회의실에서 열리는 정기 보고는 그야말로 장관이었다. 십여 명 이상의 연구진이 총출동하여 국내외 과자류, 음료류 샘플과 개발 중인 제품들을 진열했다. 그 규모는 매번 압도적이었다. 이는 회장님의 제품, 특히 과자류에 대한 남다른 애정 때문이었다. 한국과 일본을 비롯한 해외에서의 제품 개발 최종 결정권은 오직 회장님에게 있었다.

회장님의 질문은 날카롭고 구체적이었다. "이 제품은 소비자가에 얼마에 팔리지?", "인쇄는 몇 도인가?", "색도를 낮추면 포장지 인쇄 가격이 얼마나 절감되는지?", "초콜릿 제품은 당도가 몇 %인가?" 등 세세한 부분까지 놓치지 않았다. 맛을 보시고 난 후에는 심지어 "당도를 1% 낮추면 어떨까?"라는 제안을 하시다가도 "아니다, 사람들은 너무 달다고 하면서도 결국에 단 것을 더 찾더라. 그냥 두고 테스트해 보자. 그런데 1%를 낮추면 원가가 얼마나 개선되는가?"라며 소비자 심리까지 꿰뚫어 보시고, 제품 원가도 놓치지 않으려고 하셨다.

이렇듯 구체적이고 숫자까지 하나씩 챙기시는 회장님. 본인이 직접 맛보고, 거기서 그치는 것이 아니라 소비자와 전문가에게 꼭 의견을 물어보고 해야 한다는 당부도 놓치지 않으셨다.

어느 날, 회장님께서 책상 위에 놓인 미국산 스낵류 샘플을 집어 드시려 하셨을 때의 일화는 회장님의 독특한 지식과 대담함을 보여준다. 연구소장이 "회장님, 그 제품은 10년 전 생산 제품이라 드시면 안 됩니다(봉지에는 크게 불가식이라고 쓰여있었다)."라고 말했을 때, 회장님의 반응은 모두를 놀라게 했다.

"자넨 연구한 지 얼마나 됐지? 밀봉 상태의 건조한 과자는 수분이 없기에 10년이든 더 지나든 먹는 데는 문제가 없어. 맛이 좀 변하면 모를까." 이 말씀과 함께 그대로 드시는 회장님의 모습은 실무에 대한 깊은 이해를 보여주었다. 회장님 혼자 유통기한이 한참 지난 제품을 드시는 게 말이 안 된다고 생각해, 나는 자리에서 일어나 회장님 앞 봉지에 담긴 과자를 한 움큼 쥐어와 옆의 연구원들과 나누어 먹었던 기억이 있다.

"새로운 초콜릿 제품을 위해 50억 원 이상의 기계 투자가 필요합니다. 이 설비 투자를 승인해 주시면, 이런 특별한 신제품을 출시할 수 있습니다." 연구소장이 샘플을 들며 열심히 보고를 진행했다.

이에 회장님께서는, "그것은 40년 전에 유럽에서 잠깐 인기를 끌다가 사라진 제품이다. 다시 한번 생각해 보면 어떨까? 아참. 당신들은 40년 전에 없었지?"라는 말씀과 함께 빙그레 웃으셨다. 일본에서 껌 이후 초콜릿 도입을 위해 유럽 스위스에 가서서 공부하셨던 지라, 그 당시를 생각하시곤 미소를 띠셨던 회장님.

회장님이 중앙연구소 보고를 받으실 때의 기쁨에 찬 표정은 모든 이의 기억에 깊이 새겨졌다. 일본에서 껌으로 시작해 종합 과자류로 사업을 확장한 경험을 바탕으로, 한국에 그 기술과 노하우를 직접 전달하고 계셨다. "일본 누구누구 실장에게 연락해서 내가 그러더라고 그 자료를 받아서 비교해 보라. 원재료는 일본이 아직은 싸게 살 수 있으니 꼭 활용해 보라"는 말씀은 한일 간의 연구 개발 공조를 순조롭게 이끄는 원동력이 되었다.

한국이 수십 년에 걸친 일본의 노하우를 거의 무상으로 받을 수 있었던 것은 바로 회장님의 존재 때문이었다. 이는 많은 이들이 미처 깨닫지 못한 회장님의 숨은 공헌이었다. 회장님은 일본에서는 다른 말이 나올 수 없도록 단속하고, 한일 간의 기술 교류가 원활히 이루어질 수 있도록 세심하게 관리하고 지원하셨다.

"롯데 과자류 제품을 파는 사람과 그것을 사 먹는 사람 중 누가 더 기뻐할까?"라는 질문에 대한 답은 명확하다. 아마도 그것을 개발하고 도입을 결정한 회장님이 가장 기뻐하셨을 것이다. 사람들에게 항상 좋은 제품으로 사랑받고 싶어 하셨던 회장님의 마음이 그대로 담긴 제품을 볼 때마다, 신격호 회장님의 밝은 미소가 떠오른다.

진정한 민족기업 롯데

정기석
롯데월드 전 대표이사

1980년대부터 90년대까지, 한국의 고도성장기 시절의 이야기다. 그 시절, 기업들은 인재를 찾아 전국을 누비곤 했다. 9월에서 10월, 채용의 계절이 오면 대기업들은 각 대학 출신 선배들로 채용팀을 꾸려 모교로 파견했다. 때로는 여러 대기업이 연합하여 대학교 강당을 가득 메운 수백 명의 학생들 앞에서 회사를 소개하며 우수 인재 유치에 온 힘을 쏟았다. 그러나 그 시절, 롯데그룹을 향한 대학생들의 시선은 차가웠다. "롯데는 일본 기업이니 제품을 구매하지 말아야 한다."라는 소문이 널리 퍼졌는데, 이는 아마도 경쟁 기업들의 의도적인 비방이었을 것이다.

이러한 어려운 상황에서도, 우리는 각 대학의 강당에서 수백 명의 졸업 예정자들에게 롯데그룹을 소개하는 일을 계속해야 했다. 그때 나는 이렇게 말했다.

한국의 여러 대기업이 정부와 금융권의 자금 지원으로 오늘날의 위치에 올랐습니다. 반면 롯데그룹은 자체 자본으로 성장한 독특한 사례로, 진정한 의미의 민족 기업이라 할 수 있습니다. 신격호 회장은 혈혈단신으로 일본에 건너가, 온갖 어려움을 극복하며, 자신의 힘으로 자본을 일궈냈습니다. 한국이 경제 발전을 최우선 과제로 삼고 전력을 다하던 시기, 롯데그룹은 국가의 요청에 응해 위험을 감수하고 투자를 단행했습니다. 이러한 국가와 민족 발전에 대한 헌신으로 시작한 롯데그룹은 금융기관의 대출이나 남의 도움 없이, 내 힘으로 모은 돈으로 내 사업을 시작한, 차입금이 없는 민족자본 기업입니다."

신격호 회장님의 집무실에는 논에서 농부가 소를 몰며 농사짓는 한국 농촌의 그림이 걸려있는데, 이를 보면 회장님의 고향과 민족에 대한 사랑이 얼마나 큰지 알 수 있다. 나는 롯데그룹이야말로 진정한 민족 기업이라고 장담한다.

이 말을 전할 때마다, 나는 가슴속에서 뜨거운 무언가가 솟구치는 것을 느꼈다. 그것은 단순한 자부심을 넘어선, 신격호 회장님의 애국심과 기업가 정신에 대한 경외심이었다. 회장님의 삶과 롯데그룹의 역사는 한국 경제 발전의 산증인이자, 진정한 민족 기업의 표상이었다. 오늘날 롯데그룹이 세계적인 기업으로 성장한 것은 바로 이러한 굳건한 뿌리가 있었기에 가능했다.

신격호 회장님의 집무실에는 논에서 농부가 소를 몰며 농사짓는 한국 농촌의 그림이 걸려있는데, 이를 보면 회장님의 고향과 민족에 대한 사랑이 얼마나 큰지 알 수 있다.

거화취실 경영철학 실천

2007년부터 2011년, 신격호 회장님의 나이 86세에서 90세 사이의 일이다. 한국 체류 기간 중 업무보고가 없는 일요일 오후면, 회장님은 변함없이 특별한 일과를 보내셨다. 오후 2시경, 롯데월드와 석촌 서호 사이에 있는 롯데월드 후문으로 오셔서 시작되는 이 일과는 마치 하나의 의식과도 같았다. 롯데월드 테마파크를 거쳐 롯데마트 월드 점의 모든 매장을 꼼꼼히 둘러보신 후, 백화점 잠실점 11층에서 지하 1층까지 점검하시고 오후 5시쯤 호텔 앞에서 댁으로 돌아가시는 것이 회장님의 변함없는 일요일 오후 일과였다.

월드 대표인 나와 2~3명의 간부만을 대동한 채, 회장님은 월드 파크의 모든 놀이시설을 하나도 빠짐없이 살펴보셨다. 안전과 청결 상태를 세심히 점검하시는 그 모습에서 나는 경영자로서 책임감과 열정을 엿볼 수 있었다. 마트와 백화점의 모든 영업 층을 위에서부터 아래로 한층 한층 걸어 다니시며 구석구석을 살피시는 그 모습은 마치 장인이 자기 작품을 다듬는 모습과도 같았다.

특히 인상 깊었던 점은, 회장님께서 영업 현장을 둘러보실 때 많은 간부나 직원들이 따라오는 것을 매우 불편해하셨다는 것이다. 혹시라도 여러 명이 뒤따르면 각자 자기 자리로 돌아가 주어진 일을 하라며 주의를 주셨다. 이에 따라 회장님의 일요일 오후 순시는 모두가 알고 있지만, 마트나 백화점, 호텔의 고위 간부들조차 현장에 나오지 않는 것이 관례가 되었다. 간혹 둘러보시는 해당 현장의 근무 간부들은 혹여나 어떤 지적이라도 있나 하고 먼 거리를 두고 따라오기도 하였다.

이는 우리 사회에서 흔히 볼 수 있는 모습과는 너무나도 대조적이었다. 드라마나 영화에서 회장이나 사장들이 많은 고위 간부의 수행을 받거나, 간부들이 늘어서 인사하는 장면을 볼 때마다, 나는 우리 롯데의 모습이 얼마나 특별한지 다시금 깨닫고는 했다. 이러한 회장님의 행동은 단순한 개인적 취향을 넘어선, 깊은 경영철학의 실천이었다. '거화취실(去華就實)', 즉 화려함을 멀리하고 실질을 추구하는 이 정신은 롯데그룹의 핵심 가치이다. 회장님은 이를 몸소 실천하셨고, 직원들에게 직접 보여주며 가르치셨다. 이러한 회장님의 철학과 실천 덕분에 회사의 전 구성원들은 오직 회사의 발전에만 에너지를 집중할 수 있었고, 이는 롯데그룹의 놀라운 성장 동력이 되었다.

고객우선의 경영철학 실천

일요일 오후, 마트의 지하 식품 판매장은 언제나 인파로 넘실댄다. 그 혼잡한 통로를 헤치고 나아가는 것은 누구에게나 쉽지 않은 일이다. 하지만 신격호 회장님은 그 와중에서도 고객을 최우선으로 여기는 모습을 보여주셨다. 직원들이 회장님을 위해 길을 터주려 할 때마다, 회장님은 단호히 만류하셨다. 고객의 편의를 조금이라도 해치는 일은 있어선 안 된다며, 오히려 자신이 고객들이 지나갈 때까지 참을성 있게 기다리셨다. 회장님의 고객 존중 정신이 얼마나 깊이 뿌리박혀 있는지를 여실히 보여주는 순간이었다. 이렇게 고객제일주의 경영철학을 몸소 실천하시며 보여주시고, 직원들이 가져야 할 마음 자세를 가르쳐 주셨다.

공사를 명확히 구분

어느 날, 신격호 회장님의 소탈한 면모가 여실히 드러나는 장면이 있었다. 마트를 둘러보던 회장님의 발걸음이 남성복 판매장 앞에서 멈추셨다. 회장님은 주저 없이 매장으로 들어가 평범한 카디건 하나를 고르시고는, 주머니에서 카드를 꺼내 직접 계산을 마치셨다. 이 모습은 회장님의 검소함을 단적으로 보여주는 순간이었다. 고가의 명품 대신 실용적인 기성복을 선택한 회장님의 모습에서, 우리는 회장님이 평생 고수해 온 절제와 검약의 정신을 엿볼 수 있었다. 더욱 놀라운 것은 그 자리에 수행비서도 없었다는 점이다. 회장님과 몇몇 간부들이 함께 있었지만, 회장님이 직접 계산하시는 모습은 우리 모두에게 당연하게 여겨졌다. 이는 회장님의 공과 사를 엄격히 구분하는 경영철학이 우리 회사 문화에 깊이 뿌리내렸음을 보여주는 순간이었다. 대부분은, 회장이나 사장이 물건을 고르면 수행비서가 대신 계산하고, 그 비용을 적당히 공적 자금으로 처리하는 것이 관행처럼 여겨지는 우리 사회의 일반적인 모습과 너무나도 다르지 않은가?

일요일 오후, 마트의 지하 식품 판매장은 언제나 인파로 넘실댄다. 그 혼잡한 통로를 헤치고 나아가는 것은 누구에게나 쉽지 않은 일이다. 하지만 신격호 회장님은 그 와중에서도 고객을 최우선으로 여기는 모습을 보여주셨다. 직원들이 회장님을 위해 길을 터주려 할 때마다, 회장님은 단호히 만류하셨다. 고객의 편의를 조금이라도 해치는 일은 있어선 안 된다며, 오히려 자신이 고객들이 지나갈 때까지 참을성 있게 기다리셨다.

영원한 스승

　　　　　　신격호 회장님이 평생 몸소 실천하며 보여준 가치관은 우리에게 깊은 감동을 준다. 국가와 민족을 향한 뜨거운 애정, '거화취실'의 경영철학, 고객을 향한 진심 어린 사랑, 검소하고 절제된 삶의 자세, 그리고 공과 사를 명확히 하시는 정직한 삶은 우리에게 영원한 스승의 모습으로 남아 계시고, 모든 사람에게 삶의 귀감이 되는 모습으로 남겨져 있다.

사업가로서의
혜안(慧眼)

최재옥
롯데상사 전 대표이사

신격호 회장님의 이름은 한국 유통 산업의 거인으로, 그리고 '거화취실(去華就實)'의 철학을 몸소 실천한 정직한 기업가로 깊이 새겨져 있다. 회장님의 특별한 고향 사랑과 국내외를 아우르는 폭넓은 장학 사업은 회장님의 인간적인 면모를 잘 보여주는 사례들이다.

인간의 삶에 필수 불가결한 세 가지 요소, 즉 의(衣, clothing), 식(食, food), 주(住, shelter)는 생존을 위한 기본 조건이다. 특히 식(食)은 생명과 직결되는 가장 중요한 요소라 할 수 있다.

2009년, 내가 롯데상사 대표이사로 재직하던 시절, 신격호 회장님은 보고 때마다 다가올 세계 식량 위기에 대한 깊은 우려를 표명하셨다. 회장님은 식량자원 확보의 중요성을 강조했고, 이에 대한 구체적인 대책 마련을 지속해서 요구하셨다.

당시 롯데상사는 국내 쌀 농가를 지원하는 사업을 전개하고 있었다. 봄철 춘곤기에 영농자금을 지원하고, 가을 수확기에 쌀로 상환받아 그룹 내 마트 등에 공급하는 구조였다. 이는 농가와 기업, 소비자 모두에게 이익이 되는 상생의 모델이었다.

회장님의 지시에 따라, 상사에서는 식량자원 확보를 위해 세계 주요 양곡 생산국인 미국, 아르헨티나, 카자흐스탄, 러시아 시장을 면밀히 조사했다. 그 결과, 천혜의 자연환경을 자랑하는 러시아 연해주 지역을 최종 선정, 농경지를 확보하게 되었다. 서울시 면적의 1/5에 해당하는 12,000헥타르의 광활한 대지에서 우리는 대두, 귀리, 옥수수 등의 곡물을 직접 재배하고 있다. 이렇게 생산된 고품질의 곡물은 국내 식품 제조사에 공급되어, 보다 안전하고 우수한 품질의 먹거리로 소비자들의 식탁에 오르고 있다.

호주 퀸즐랜드주에 있는 샌달우드 목장 역시 우리의 식량자원 확보 전략의 일환이다. 약 16,000마리의 비육우를 위한 방목장과 사료용 곡물 농경지를 합쳐 1,514헥타르에 달하는 이 목장에서는 최상급 소고기 생산을 위한 철저한 관리가 이루어지고 있다. 우리의 노력은 2024 와규 브랜드 소고기 대회(WBBC)에서 빛을 발했다. 이 대회는 와규 업계의 월드컵이라 불릴 만큼 권위 있는 행사로, 우리는 5개 부문에서 금메달 2개, 은메달 2개, 동메달 2개를 획득하며 종합 2위라는 놀라운 성과를 거뒀다. 이는 우리의 품질관

호주 퀸즐랜드주에 있는 샌달우드 목장 역시 우리의 식량자원 확보 전략의 일환이다. 약 16,000마리의 비육우를 위한 방목장과 사료용 곡물 농경지를 합쳐 1,514헥타르에 달하는 이 목장에서는 최상급 소고기 생산을 위한 철저한 관리가 이루어지고 있다.

리 능력과 기술력을 세계적으로 인정받은 쾌거였다.

롯데상사는 고객이 신뢰할 수 있는 농·축·수산물 및 식품 원료를 합리적인 가격에 자체 생산하고 조달하여, 국내외 시장에 공급하는 탄탄한 공급망을 구축하고 있다. 이를 통해 우리는 고객 가치의 극대화를 추구하고 있다.

신격호 회장님의 혜안은 시대를 앞서갔다. 식량 안보가 갈수록 중요해지는 이 시기에, 회장님의 뜻을 따라 롯데가 하나의 초석이 되도록 최선의 노력을 다합시다.

세계 최대를 향한 꿈,
롯데의 건축물에 담기다

김광섭
롯데시네마 전 대표이사

辛格浩 會長님을 회상하며

　　　　　　1981년 9월, 롯데호텔 건축과장으로 입사한 지 약 2년이 지났을 무렵, 잠실 롯데월드 프로젝트의 기본 계획이 태동하던 시기에 나는 처음으로 신격호 회장님을 가까이에서 뵙게 되었다. 서울 소공동과 도쿄 본사를 오가며 진행된 사업 계획 및 설계 기본 계획 회의에서, 나는 건설사업본부 임 사장님의 보고 자료를 챙기는 수행원으로서 대회의실 끝자락에 앉아 있었다. 그 자리는 비록 작고 멀었지만, 거기서 나는 새로운 비전의 탄생을 목격하고 있었다.

일본 설계팀(구로가와 설계사와 오쿠노 기획 등)과 미국 설계팀(Battaglia사), 그리고 건설사업본부가 합동으로 진행한 검토 내용 보고와 수정, 보완이 거듭될수록, 회장님의 철학과 평생 주지해 오신 "풍요로운 사회, 꿈과 모험이 가득한 아름다운 미래"라는 비전이 서서히 구체화하여 가는 과정을 지켜볼 수 있었다.

1980년대 초, 한국에는 세계에 자랑스럽게 내놓을 만한 자원이나 건축물을 찾아보기 힘든 시기였다. 그런 시대적 배경 속에서 회장님께서 외국인들도 찾아와 감탄할 수 있는 세계 최대, 최고의 멋지고 훌륭한 프로젝트를 강조하신 것은 단순한 사업적 야망을 넘어선 숭고한 애국심의 발로였다. 그 열정 속에서 나는 진심으로 우리나라를 사랑하는 기업인의 마음을 읽을 수 있었다.

잠실과 부산에 유통, 문화, 어드벤처 등이 조화롭게 어우러진 복합 빌딩이 완공된 후 4~5년이 지나, 시네마사업본부는 1994년부터 시작된 롯데월드타워 123층 설계 회의에 참여할 기회를 얻었다. 그 자리에서 시네마사업본부는 영업 이익을 고려하여 18개 영화관(당시 국내 최대 규모 영화관은 16개 관)을 제안했다. 그러나 회장님의 시선은 이미 더 먼 곳을 바라보고 계셨다. 그분은 국내가 아닌 세계에서도 최대, 최초의 영화관을 만들라고 지시하셨고, 그 결과 21개 영화관과 기네스북에 오르는 최대 크기의 스크린을 갖춘 영화관이 탄생하게 되었다. 이는 단순한 사업적 결정을 넘어, 한국의 문화 산업을 세계적 수준으로 끌어올리고자 하는 비전의 결실이었다.

회장님의 시선은 이미 더 먼 곳을 바라보고 계셨다. 그분은 국내가 아닌 세계에서도 최대, 최초의 영화관을 만들라고 지시하셨고, 그 결과 21개 영화관과 기네스북에 오르는 최대 크기의 스크린을 갖춘 영화관이 탄생하게 되었다. 이는 단순한 사업적 결정을 넘어, 한국의 문화 산업을 세계적 수준으로 끌어올리고자 하는 비전의 결실이었다.

회장님의 청년 시절부터 품어오신 문학과 섬세한 예술에 대한 열정은 해외여행 중에도 빛을 발했다. 회장님은 관심 있게 보신 영업장의 분위기, 실내외 인테리어 등을 일일이 메모하시고, 그것을 우리에게 상세히 알려주시며 직접 가서 참고하라고 지시하셨다. 그렇게 하여 우리에게 선진 세계에 눈을 뜨고 많은 것을 보고 배울 수 있는 값진 기회를 제공해 주셨다.

롯데의 급진적 발전은 호텔, 백화점, 마트, 그룹사 공장 등 신축 건물과 함께 이루어졌다고 해도 과언이 아니다. 그 과정에서 회장님은 대기업의 총수로서 그룹사의 성장과 발전을 위해 밤낮으로 노심초사하셨고, 특히 건축물의 안전에도 각별한 관심을 기울이셨다. 그 결과, 대부분의 롯데 건물은 구조 안전을 위해 필요 이상으로 많은 철골 자재로 설계되고 시공되었다. 이는 단순한 과잉 설계가 아닌, 안전과 품질에 대한 회장님의 확고한 철학이 구현된 것이었다.

1986년 가을, 잠실 롯데월드호텔 건설 현장에서 있었던 재미있는 일화가 있다. 신격호 롯데 회장님, H건설 J 회장님, P제철 P 회장님 세 분이 휴일에 현장을 방문하셨다. 그날의 대화는 한 편의 소소한 에피소드로 업계에 회자되었다.

J 회장님이 농담 삼아 말씀하셨다. "신 회장님, 이 호텔에서 200년은 사실 수 있겠어요. 철골이 이렇게 튼튼하게 들어가고 있으니까요." 그러자 P 회장이 재치 있게 받으셨다. "J 회장님, 우리 회사 철골 장사 잘되고 있는데 왜 훼방 놓으려 하세요?"

회장님은 평소 온화하신 성품과 함께 '거화취실(去華就實)', 즉 화려함을 버리고 실질을 취하는 삶의 철학을 몸소 실천하신 분이셨다. 한번은 일본, 미국 등 외국 설계사들과의 회의에서 열중하여 정오를 훌쩍 넘긴 적이 있었다. 일본 설계사 사장의 제안으로 점심을 먹기로 했을 때, 회장님은 비서에게 본사 1층 스낵코너의 햄버거를 주문하게 했다. 이렇게 간단히 식사를 해결하며 중단 없이 회의를 진행하기도 하셨다.

시네마사업본부를 맡아 한동안 도쿄 본사에서 매월 영업 현황을 보고드리던 때의 기억도 생각난다. 4~50분간 준비했던 보고를 마치고 나면 으레 회장님과의 독대 시간이 이어졌는데, 가끔은 예상치 못한 질문에 당황하기도 했다. 국내 영화산업의 현황과 전망, 경쟁 회사의 상황 등을 논하다 갑자기 "국내에서 잘 나가는 시나리오 작가는 누가 있나?"라고 물으시곤 했다. 일반적으로 영화는 제작자를 통해 시나리오, 배우, 제작진 등을 논의하는 것이 관행이었기에, 이런 질문은 회장님의 영화산업에 대한 깊은 관심을 엿볼 수 있는 순간이었다.

"좋은 작품(시나리오)으로 만들면 영화 흥행도 잘될 것 아니냐?"라고 물으실 때면, 작품성 좋은 예술영화라도 반드시 흥행이 보장되는 것은 아니라는 현실을 어떻게 설명드려야 할지 고민되곤 했다. 그럴 때마다 나는 "검토해서 다시 보고드리겠습니다."라고 답변드리곤 했다. 이러한 질문들은 단순한 호기심이 아닌, 문화산업의 본질에 대한 탐구 정신을 보여주는 것이었다.

보고를 마무리할 때쯤에는 언제나 일본 출장 중 불편한 점이 있으면 비서실에 요청하라는 배려의 말씀을 잊지 않으셨다. 그 다정

다감했던 말씀들은 지금도 내 귓가에 생생히 울리고 있다.

고인이 되신 회장님께 영면(永眠)을 기원합니다.

롯데의 급진적 발전은 호텔, 백화점, 마트, 그룹사 공장 등 신축 건물과 함께 이루어졌다고 해도 과언이 아니다. 특히 건축물의 안전에도 각별한 관심을 기울이셨다. 그 결과, 대부분의 롯데 건물은 구조 안전을 위해 필요 이상으로 많은 철골 자재로 설계되고 시공되었다. 이는 단순한 과잉 설계가 아닌, 안전과 품질에 대한 회장님의 확고한 철학이 구현된 것이었다.

거화취실과 샤롯데,
실속과 고객 사랑

허병탁
롯데칠성음료 미얀마법인 전 대표이사

'去華就實'과 '샤롯데'

신격호 회장님의 경영철학을 가장 잘 표현하는 두 개의 키워드, '거화취실(去華就實)'과 '샤롯데'는 회장님의 비즈니스 세계관을 완벽하게 요약한다. 회장님의 집무실 벽에 걸려있던 '거화취실'이라는 문구는 단순한 장식이 아닌, 회장님의 삶과 사업 전반을 관통하는 핵심 원칙이었다. "화려한 것을 멀리하고 실익을 취한다."라는 이 말의 의미는, 사업은 거대하게 일으키되 그 근본은 꾸밈이나 거짓 없이 진실하여야 한다는 회장님의 깊은 신념을 담고 있다.

　1997년부터 1999년까지, 나는 일본 롯데 본사의 동경사무소(그룹 기획조정실 소속)에서 근무할 기회를 얻었다. 당시 일본 롯데에 근무한다는 설렘과 기대감이 컸었는데, 일본의 경제 중심지 신주쿠에 있는 12층 본사 건물은 처음 보았을 때 그 소박함에 놀라움을 금치 못했다. 80년대 경제 호황과 버블 시기를 거치며 대부분의 일본 대기업이 화려하고 웅장한 본사 건물을 자랑하던 때였기에, 롯데 본사의 검소함은 더욱 눈에 띄었다. 하지만 그 안에서 일하는 임직원들의 열정은 그 어느 곳보다도 뜨거웠다. 누구에게 보여주고 과시하는 겉멋이 아니라 실속과 내실을 중시하는 평생을 지켜 온 회장님의 지론이 반영된 결과였다.

　'샤롯데'라는 이름은 이미 널리 알려진 대로, 회장님이 문학청년 시절 탐독했던 괴테의 소설 '젊은 베르테르의 슬픔'의 여주인공에서 유래했다. 이 이름은 후에 '롯데'라는 사명의 근원이 되었다. 샤롯데의 이미지는 "자유(Liberty), 사랑(Love), 행복한 삶(Life)"을 추구하며 고객에게 사랑받는 기업을 만들겠다는 회장님의 이상과 맞닿아 있다. 이는 고객, 품질, 서비스를 최우선으로 하는 롯데의 경영 방침의 근간이 되었다.

　사랑과 열정의 상징이자 만인의 연인인 샤롯데처럼, '롯데'라는 사명에는 전 세계인의 사랑을 받는 글로벌 기업으로 성장하겠다는 회장님의 깊은 염원이 담겨 있다. 이는 고객 중심 경영을 위한 선언문이자 야심 찬 포부의 표현이라 할 수 있다.

　'거화취실'과 '샤롯데'로 대변되는 회장님의 경영철학은 이제

'샤롯데'라는 이름은 이미 널리 알려진 대로, 회장님이 문학청년 시절 탐독했던 괴테의 소설 '젊은 베르테르의 슬픔'의 여주인공에서 유래했다. 이 이름은 후에 '롯데'라는 사명의 근원이 되었다. 샤롯데의 이미지는 "자유(Liberty), 사랑(Love), 행복한 삶(Life)"을 추구하며 고객에게 사랑받는 기업을 만들겠다는 회장님의 이상과 맞닿아 있다. 이는 고객, 품질, 서비스를 최우선으로 하는 롯데의 경영 방침의 근간이 되었다.

롯데의 고유한 문화로 단단히 자리 잡았다. 이 철학은 롯데가 독특한 정체성을 가진 최고의 기업으로 성장할 수 있게 한 비옥한 토양이 되었다.

시대를 선도했던 리더십

1. 확고한 창업정신과 명확한 비전

일제 강점기와 한국전쟁의 폐허 속에서, 회장님은 국민의 피폐해진 삶을 바라보며 깊은 연민을 느끼셨다. 회장님 역시 궁핍한 생활 속에서 인고의 세월을 보냈기에, 가슴속에는 우리 국민의 삶을 풍요롭게 가꾸겠다는 강렬한 사명감이 창업정신으로 자리 잡았다.

1967년 창업 이래, 롯데는 고객의 삶을 풍요롭고 행복하게 설계하겠다는 기업 비전을 60년 가까이 한결같은 자세로 추구해 왔다.

'관광보국(觀光報國)'이라는 신념으로, 회장님은 투자비 회수율이 낮고 막대한 자본이 필요한 관광사업에 과감히 뛰어들었다. 회장님은 부존자원이 부족한 한국이 관광산업을 발전시켜 국가 경쟁력을 높이고, 자원을 개발하는 것을 자신의 소명으로 여기셨다.

123층 롯데월드타워 건설은 수익성을 추구하는 것 이상의 의미를 지니고 있었다. 그것은 회장님의 비전이 실현된 기적과도 같은 성과였다. "언제까지 외국인 관광객에게 고궁만 보여줄 것인가? 한국에 제대로 된 랜드마크 하나쯤은 있어야 한다"라는 회장님의 신념이 서울의 스카이라인을 바꾸어 놓았다.

2. 철저한 계획과 실행으로 이룬 성공 스토리

롯데는 식품회사로 시작해 호텔, 유통, 석유화학, 건설, 엔터테인먼트 등으로 다양한 비즈니스 포트폴리오를 성공적으로 확장해 나갔다. 많은 기업이 신규사업 확장 과정에서 좌초되는 것을 고려하면, 롯데의 성공은 더욱 빛을 발한다.

회장님이 계열사 대표들에게 자주 강조했던 "가장 잘할 수 있는 분야에 사업 역량을 집중해야 한다"라는 말은 롯데그룹 경영의 핵심을 잘 보여준다. 잘 모르는 사업을 무분별하게 확장하면 기업이 어려워지고, 종업원들이 피해를 보며, 결국 국가 경제에 악영향을 미친다는 회장님의 통찰력은 롯데의 안정적 성장을 이끌었다.

신규사업은 기존사업과 시너지를 창출할 수 있는 방향으로 추진해야 한다는 회장님의 원칙은 롯데를 견고한 기업으로 만들었다. IMF와 글로벌 금융위기 속에서도 롯데그룹은 오히려 퀀텀 점프를 이루며 크게 도약할 수 있었다.

롯데는 혁신과 창의성으로 끊임없이 도전했지만, 동시에 철저한 계획과 실행력으로 어떠한 환경 변화에도 흔들리지 않는 견고한 시스템을 갖추었다. 이를 통해 롯데는 안정적이면서도 지속적인 성장을 이룩할 수 있었다.

3. 차별화된 브랜드 전략

브랜드는 B2C 비즈니스의 심장부와 같다. 고객이 재화나 서비스를 구매할 때, 그들은 단순한 물건이 아닌 기업이 제공하는 브랜드 가치를 소비한다. 이러한 본질을 꿰뚫어 본 신격호 회장님은 "좋은 원료와 최고의 품질"을 사업의 근간으로 삼았다.

일본에서의 사업 초기, 경쟁사들이 저렴한 인공 치클을 사용할 때 롯데는 고가의 중남미산 천연 치클을 고집했다. 이는 단순한 일화가 아닌, '롯데' 브랜드의 가치를 확립하기 위해 품질에 타협하지 않겠다는 회장님의 철학이 구현된 순간이었다. 이러한 신념이 롯데 품질경영의 A to Z이다.

많은 전문가가 롯데의 독보적인 강점으로 꼽는 "복합 단지화 전략"은 회장님의 탁월한 안목이 빛을 발한 결과물이다. 서울 소공동에 호텔을 건설하면서 백화점과 면세점을 전략적으로 연계해 오픈한 것은 단순한 사업 확장이 아닌, 브랜드 시너지의 극대화이기도 했다. 이는 오늘날 "롯데타운"이라는 독특한 비즈니스 생태계를 탄생시켰다.

이 전략은 고객의 집중도를 높이고 브랜드 인지도를 자연스럽게 상승시키는 효과를 낳았다. 고객들은 롯데타운에서 다양한 니즈를 one-stop으로 충족하며 편리함을 누릴 수 있게 되었고, 이에 따라 롯데타운은 최고의 명소로 인정받게 되었다.

신격호 회장님은 호텔, 백화점, 면세점 등에서 하이엔드 이미지를 구축하고, 식품 분야에서는 최고의 품질과 맛으로 소비자의 신뢰와 사랑을 받는 독보적인 브랜드 '롯데'를 창조해 냈다. 이는 단순한 기업 성공을 넘어, 한국 소비문화의 새로운 장을 열어낸 혁신이었다.

맺음말

롯데에 대한 세간의 평가는 반도체, 자동차, 철강 등을 주력으로 하는 타 그룹에 비해 상대적으로 인색한 것이 사실이다. 화학 분야를 중심으로 대규모 투자를 지속해 왔음에도, 일반 국민에게는 여전히 관광, 유통, 식품 등 소비재 내수 기업의 이미지가 강해 국가 경제 기여도가 낮다고 인식되는 경향이 있다.

그러나 신격호 회장님은 '기업보국(企業報國)'이라는 명확한 국가관을 바탕으로 비전과 목표를 설정했다. 한국에서 얻은 이익을 일본으로 송금하지 않고 국내에 재투자하여 고국의 경제 발전에 이바지하겠다는 회장님의 집념은 진정한 애국자의 모습을 보여주었다.

이러한 경영철학을 토대로 회장님은 기업의 사회적 책임과 윤리 경영을 몸소 실천해 왔으며, 롯데가 추구해야 할 기업 문화와 가치관을 확고히 정립했다.

롯데그룹은 이제 자타가 공인하는 한국을 대표하는 굴지의 대기업으로 우뚝 섰다. 롯데의 임직원들은 거인 신격호 회장님의 숭고한 유지를 받들어, 롯데가 세계를 향해 비상하는 글로벌 초우량 기업으로 도약할 수 있도록 최선을 다해야 할 것이다.

part

4

인간
신격호

회장님의
일상과 생애

회장님의 안경

김병홍

TGIF 전 대표이사

　　20여 년 전, 그룹 본부에서 임원으로 근무하던 시절의 기억이 마치 어제 일처럼 생생하게 기억이 난다. 신격호 회장님께서는 두 달에 한 번씩 국내에 머무르시며, 그룹 각 사의 경영 현황과 주요 투자 계획, 그리고 관심 있는 사안들에 대해 꼼꼼히 보고받고 명확한 지침을 내리셨다.

　그 시절, 회장님께서 일본으로 떠나시기 전날 저녁, 나 혼자 홀로 보고를 드리던 일이 몇 번 있었다. 유통사에 입점해 있는 사업체들의 경영 실적을 분석하고, 미래를 전망하며, 문제점에 대한 대책을 말씀드리는 자리였다. 그러한 순간들은 롯데의 미래를 좌우할 수 있는 중요한 시간이었다.

어느 날 저녁, 소공동 호텔 34층 회의실에서 회장님을 기다리며 느꼈던 그 긴장감은 지금도 잊을 수 없다. 회장님께서 들어오시자 가까이서 보고를 시작했지만, 그 순간의 엄중함과 중대성에 몸은 사시나무 떨듯 떨렸고, 식은땀이 등줄기를 타고 흘렀다. 회장님 앞에서 보고는 언제나 그렇게 온몸과 마음을 집중해야 하는 순간이었다.

그런데 그날, 회장님의 모습에서 평소와는 다른 점을 발견했다. 안경이 이상하게 쓰여 있었던 것이다. 좌우가 맞지 않아 보였다. 순간 '내가 잘못 본 걸까?' 하는 생각이 들었지만, 자세히 보니 안경의 한쪽 다리 부분이 고무 밴드로 칭칭 감겨 있어 균형이 맞지 않았던 것이었다.

롯데그룹을 이끄시는 회장님의 안경에 고무 밴드라니, 상상조차 할 수 없는 광경이었다. 그 순간 머릿속이 하얘졌지만, 어떻게든 정신을 차리고 보고를 마쳤다.

보고를 마치고 나갈 때, 용기를 내어 조심스럽게 말씀드렸다. "회장님, 안경을 새로 하셔야 할 것 같습니다." 차마 고무 밴드 얘기는 꺼낼 수가 없었다. 그러자 회장님께서는 "음, 그래? 아주 잘 보이는데. 아직 쓸만해!"라고 대답하셨다. 그 순간 마음속으로 "아이쿠, 회장님 죄송합니다"라고 되뇌었다.

서둘러 인사를 올리고 나왔지만, 얼굴은 이미 붉게 상기되어 있었다. 세월이 흘러 지금도 그때를 떠올리면 회장님의 잔잔한 미소와 함께 부끄러움에 상기되었던 내 얼굴이 떠오르곤 합니다. 신격호 회장님! 당신의 검소함과 겸손함, 그리고 그 속에 담긴 강인함을 존경합니다!

이제는 좋은 곳에서 평안한 안식을 누리시기를 바랍니다.

아름다운 꿈

현해탄 너머 그 머나먼 곳
낯 설고 물 선 이국의 땅
작지만 옹근 꿈의 씨앗은 뿌려졌어라

가난과 허기진 나날들
서러움과 어둠으로 점철된 한 들은
한 알의 밀알이 되어 희망을 틔었어라

인고의 긴 시간들이 흐르고
밝은 빛이 온 누리를 비추던 어느 날
설렘의 작은 싹은 이 땅에 뿌리를 내렸어라

밤을 낮처럼 열어 역경을 이겨내고
발로 뛰어 이룩한 삶의 궤적들은
아름다운 빛으로 어둠을 물리쳤어라

이룩한 꿈들은 하늘에 닿아 있고,

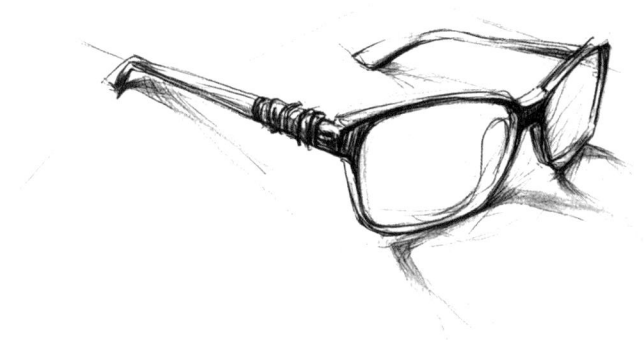

자세히 보니 안경의 한쪽 다리 부분이 고무 밴드로 칭칭 감겨 있어 균형이 맞지 않았던 것이었다. "회장님, 안경을 새로 하셔야 할 것 같습니다." 차마 고무 밴드 얘기는 꺼낼 수가 없었다. 그러자 회장님께서는 "음, 그래? 아주 잘 보이는데. 아직 쓸만해!"라고 대답하셨다.

펼쳐진 꿈들은 이 땅을 흘러넘쳐
온 누리에 널리 피어나고 있어라

이제 그 아름다운 꿈은
사라지지 않는 향기가 되어
우리들 마음속에 영원히 살아 있으리

김병홍, 황목, 수채화, 36×51cm

발자취를 찾아서

임종헌

롯데기공 전 대표이사

1. 생가와 선영을 찾아서

올해 2월 15일 이른 새벽 5시 20분, 맞추어 둔 알람 소리에 눈을 떴다. 동지가 지난 지 두 달이 가까워져 오고 겨울의 끝자락인 2월 중순임에도 불구하고, 여전히 바깥세상은 어둠에 휩싸여 있었고 새벽 공기는 매섭게 차가웠다. 마치 곧게 자란 무를 뽑아내듯 잠자리에서 빠져나와, 고양이 발걸음처럼 조용히 움직이며 아침 준비를 시작했다.

전날 밤 미리 거실에 준비해 둔 옷을 입고, 가족들에게 피해를 주는 일이 없도록 주의하며 집을 나섰다. 찬 기운에 어깨를 움츠리고 종종걸음으로 지하철역을 향해 발걸음을 재촉하는 동안, 내 가슴은 기대와 흥분으로 가득 차 있었다.

어젯밤 늦게 잠자리에 들었음에도, 끊임없이 뒤척이며 깊은 잠이 들지 못했다. 이는 초등학교 시절, 소풍이나 운동회 전날의 설렘을 떠올리게 했다. 그 시절엔 이런 행사들이 일상을 벗어나 새로운 경험을 할 수 있는 귀중한 기회였다. 특별히 준비된 도시락 반찬과 함께 평소와는 다른 환경을 만끽할 수 있었기에, 그 기대감으로 잠을 설치곤 했다. 운동회는 특히나 온 가족이 함께 즐기는 축제와도 같았다. 어른들도 일상의 모든 걱정을 뒤로 한 채 아이들과 함께 뛰고 달렸다. 가을에 열리는 운동회에서는 제철 과일과 떡이 풍성했고, 어머니들의 마음이 너그러워져 평소에는 쉽게 허락되지 않던 과자를 사 먹을 용돈도 받을 수 있었다.

이러한 추억에 잠겨 있는 동안에도, 나는 지하철의 첫차 운행 시간에 대해 작은 불만을 품고 있었다. 버스는 새벽 6시보다 한참 이른 시간부터 운행하기 시작하는데, 지하철의 첫차 운행 시각이 6시인 것에 대해 의문이 들었다. 그런데도, 나는 서둘러 발걸음을 옮겨서 모임 장소인 잠실 롯데호텔 로비로 향했다.

6시 40분경 목적지에 도착했다. 7시가 다가오면서 어둠이 조금씩 걷히는 듯했지만, 겨울의 이른 새벽이라 그런지 주변은 여전히 한산했다. 7시가 되어갈 무렵, 일행들이 하나둘 모여들기 시작했다. 약 20명의 롯데 퇴직 임원들이 정시에 맞춰 한 자리에 모였다. 지각없이 모두가 시간을 지키는 모습에서, 현역 시절 갈고닦은 습관이 여전히 살아있음을 느낄 수 있었다.

  재직 시절, 회장님의 고향을 한 번은 꼭 방문하고 싶었으나 그 기회를 얻지 못한 아쉬움이 크게 남았다. 대한해협을 건너 큰 꿈을 품고 떠났던 청년 신격호의 유년기 환경을 직접 목격하고 싶었다. 이제 회장님은 자신의 원대한 꿈을 실현한 후, 어린 시절을 보낸 생가 인근에서 영면하고 계신다. 오늘은 회장님의 서거 4주기를 맞아 추모회가 열렸고, 롯데복지재단의 신영자 의장님께서 롯데에서 오랫동안 봉직하다 퇴임한 임원들을 초청한 자리에 나 역시 함께할 수 있는 기회를 얻었다.

  7시 정각, 잠실 롯데호텔을 출발점으로 삼아 문경과 경주 휴게소에서 잠시 휴식을 취한 후, 11시 40분경 목적지에 도착했다.

  90년대 초반에, 자녀들이 초등학교에 다니던 때 "언양 암각화 유적지 문화 체험" 프로그램에 참여하여 1박 2일 일정으로 이 지역을 처음 방문했던 기억이 떠올랐다. 당시의 열악한 도로 사정과 낮은 차량 성능으로 인해, 우리는 여러 차례 휴게소에 들러 간식을 먹으며 밤새 이동했고, 언양에 도착해서 아침 식사를 했었다. 주변을 둘러싼 높은 산들로 인해 깊은 산골이라는 인상을 받았던 것도 기억에 남아있다.

  언양을 지나 20여 분을 더 달리자 넓은 저수지가 시야에 들어왔다. 이는 회장님의 고향 마을을 수몰시킨 바로 그 "대암댐"이었다. 기록에 따르면, 대암댐은 울산광역시의 생활용수와 공업용수 공급을 목적으로 1968년 2월에 착공되어 1969년 12월에 준공되었다고 한다. 넓었던 도로는 점차 좁아져 편도 1차선 길이 되었고, 댐이 끝나갈 무렵 생가와 별장 사이를 지나는 차도에서 하차하여 곧바로 선영으로 향했다. 차량이 간신히 비켜 갈 수 있을 정도의 좁은 비포장도로를 10여 분 오르니, 신영자 의장님, 장혜선 이사장님, 이승훈 이사장님과 추모식 진행 요원들이 모든 준비를 마치고 우리 일행을 기다리고 있었다.

선영에 이르는 오르막길과 선영 자체에서 느껴지는 소박함은 나에게 깊은 인상을 주었다. 재계 5대 그룹 회장의 선영이라고 하기에는 믿기 힘들 정도로 소담하게 조성되어 있어, 회장님의 겸손함과 소박한 삶의 철학을 엿볼 수 있었다.

선영은 넓지 않은 대지에 자리 잡고 있었다. 뒤편으로는 소나무가 둘러싸고 있었고, 봉분 앞에는 그리 크지 않은 상석 하나와 바로 옆에 묘비석이 자리하고 있었다. 묘비석에는 세로형으로 8줄의 글이 새겨져 있었다.

"여기
울주 청년의 꿈
대한해협의 거인

신격호
울림이 남아 있다.

거기 가 봤나?

二千二十年 一月十九日
영면"

이 간결한 문구는 군더더기 없이 간략하면서도 깊은 의미를 함축하고 있었다.

회장님이 생전에 즐겨 들으셨던 "4월의 노래"가 잔잔히 흐르는 가운데, 우리는 추도사를 낭독하고 헌화를 마쳤다. 이어서 생가를 방문하기 위해 왔던 길을 되돌아 내려갔다. 내려가는 동안, 회장님이 사랑하셨던 4월의 노래에 등장하는 목련 나무가 양옆에 심겨 있었다면 어땠을까? 하는 아쉬움이 들었다. 다시 이곳을 찾기 어려울 것이라는 생각에, 몇 번이나 뒤를 돌아보며 "생전의 모든 고뇌는 다 잊으시고 편안히 영면하십시오"라고 마음속으로 기도했다.

다음으로 차도 옆에 있는 생가를 방문했다. 1930년대의 건물이라고는 하지만, 현재의 눈높이로 보기에는 상당히 옹색해 보였다. 물론 세월이 흘러 회장님이 그토록 사랑하셨던 조국이 선진국 대열에 들어서며 우리의 기준이 높아진 탓도 있겠지만, 많은 형제와 부모님이 함께 생활하기에는 턱없이 비좁았을 것이라는 생각이 들었다.

회장님이 이 집에서 어린 시절을 보내고 청년이 되어 대한해협을 건너겠다는 큰 야망을 품으셨다는 사실을 떠올리니, 선영을 참배할 때까지 차분했던 감정이 마치 거대한 파도처럼 일렁이며 가슴이 격하게 뛰기 시작했다.

이런 산골 마을에서, 더구나 식민지 시대의 청년으로서 일본으로 건너갈 결심을 하고 실행에 옮기기까지 얼마나 많은 고뇌가 있었을까. 넓은 대한해협을 건너겠다는 결단을 내렸다는 사실은, 70년의 세월 동안 많은 경험을 했다고 자부하던 나조차도 가슴을 뛰게 하고 회장님에 대한 경외심을 더욱 깊게 만들었다.

안채 뒤로는 대나무 숲이 우거져 있었고, 우측에는 행랑채가 자리하고 있어 전형적인 아담한 시골 가옥의 모습을 보여주고 있었다.

다음으로 우리는 차도를 건너 별장으로 향했다. 도로는 편도 1차선으로 좁고 구불구불했지만, 의외로 차량 통행이 빈번했다. 여러 대의 차량이 지나가기를 기다린 후, 길 건너 바로 인접한 별장으로 발걸음을 옮겼다. 입구에서 본채까지 이어지는 길목 양옆으로는 정성스레 가꾸어진 소나무를 비롯한 다양한 수목이 늘어서 있었고, 측면의 아담한 잔디밭을 지나면 본채에 도달할 수 있었다.

본채 전면에는 좀 더 넓은 잔디밭이 펼쳐져 있었고, 후면으로 약 20미터 아래에는 과거 생가 마을이 있었던 자리에 현재는 대암댐이 자리하고 있었다. 댐 너머로는 제법 높은 산들이 둘러싸고 있어, 회장님께서 생가 마을과 가장 가까운 곳에 별장을 마련하셨다는 사실을 짐작할 수 있었다. 별장 역시 회장님의 선영과 마찬가지로 소박한 모습이었으나, 주인을 잃은 탓인지 약간의 쓸쓸함이 감돌았다.

별장 방문을 마치고 우리는 언양읍내로 이동했다. 주차장에서 10여 분이 넘는 오르막길을 올라 식당에 도착했다. 햇볕이 잘 들고 선영은 넓지 않은 대지에 자리 잡고 있었다. 뒤편으로는 소나무가 둘러싸고 있었고, 봉분 앞에는 그리 크지 않은 상석 하나와 바로 옆에 묘비석이 자리하고 있었다.
선영에 이르는 오르막길과 선영 자체에서 느껴지는 소박함은 나에게 깊은 인상을 주었다. 소담하게 조성되어 있어, 회장님의 겸손함과 소박한 삶의 철학을 엿볼 수 있었다.

남쪽에 있는 마을이어서인지 벌써 매화가 꽃을 피우고 있었다. 매화꽃을 보며 봄이 성큼 다가왔음을 실감할 수 있었다. 비 예보가 있어 우산을 준비해 갔지만, 다행히 화창한 날씨 덕분에 불편 없이 방문을 마칠 수 있었다.

점심 식사를 마치고 우리는 언양의 봄과 생가, 그리고 선영에서 받은 감동을 가슴에 안고 서울로 무사히 귀환했다. 평소에 꼭 한번 방문하고 싶었던 곳을 신영자 의장님의 배려로 찾게 되어 큰 소망을 이루었으니, 이 지면을 빌어 깊은 감사의 마음을 전하고자 한다.

2. 와세다 대학 방문

와세다 대학은 1882년에 설립된 도쿄 중심부 신주쿠에 있는 사립 명문 종합대학이다. 삼성그룹의 이병철, 이건희 회장을 비롯해 박태준 포항제철 회장 등 한국의 정·재계 저명인사들이 이 대학 출신으로 알려져 있다.

2005년 12월경으로 기억된다. 일본은 지리적으로 가까워 대개 2박 3일 혹은 길어야 3박 4일의 일정으로 출장을 다녀오곤 했다. 당시 일본과의 기술제휴 업무 협의차 종종 출장을 가던 시기였다. 회장님이 수학하셨던 와세다 대학을 꼭 한번 방문해야겠다는 생각은 늘 마음속에 있었지만, 시간적 여유가 없어 미뤄오다 이대로 기회를 놓칠까, 우려되어 이번 출장에서는 업무 후 반드시 방문하겠다고 다짐했다. 일반적으로 일본 출장 시 가는 길에는 오전 비행기를, 돌아올 때는 오후 비행기를 이용하여 현지에서의 시간을 최대한 확보하곤 했다. 귀국하는 날 아침, 평소보다 일찍 체크아웃을 마치고 가벼운 차림으로 신주쿠의 와세다 대학을 향해 발걸음을 옮겼다. 공식 방문도 아니고 방학 중이라 학생들도 없을 터인데 외부인의 출입이 허용될지 걱정되었지만, 문제가 생기면 사정을 설명해 양해를 구하겠다는 마음가짐으로 전철에 올랐다.

학교 정문에 도착하니 다행히도 개방되어 있었고, 별다른 제재 없이 입장할 수 있었다. 도심에 자리 잡고 있고 오랜 역사를 지닌 탓인지 건물들이 밀집되어 있어 다소 협소하다는 인상을 받았지만, 교정은 고요했고, 겨울임에도 불구하고 길가에 낙엽 하나 날리지 않는 모습이 인상적이었다. 이를 통해 일본인 특유의 청결과 정리 정돈에 대한 생활 습관을 엿볼 수 있었다.

교정을 거닐며 회장님의 재학 시절로 시간을 거슬러 올라가 보았다. 그 시기는 일본이 제2차 세계대전 말기와 패전의 혼란 속에 있던 때였다. 그토록 어려운 상황 속에서도 주경야독으로 학업을 이어가셨다는 사실에 경외심을 느끼며, 나로서는 도저히 극복하기 어려운 일이었으리라 생각했다.

방학 중이라 건물 내부 출입은 불가능했지만, 학부 건물 사이의 길을 따라 걸으며 청년 신격호가 당시 직면했을 여러 난관을 상상하며 복잡한 감정에 빠져들었다.

몇 해 전, 재미교포 이민주의 소설 "파친코"를 접한 적이 있다. 이 작품은 1910년부터 1989년에 이르는 한국 근대사의 격동기를 배경으로, 1933년 오사카로 이주한 한 가족의 4대에 걸친 투쟁적 삶과 재일조선인이 겪은 차별을 생생히 그려낸 책이다. 이 소설을 통해 재일교포들이 직면했던 고난, 차별의 실상, 그리고 그들의 고된 삶의 여정을 깊이 있게 이해할 수 있었다.

소설 속 3대 큰아들 "노아"는 학업에 정진하여 와세다대학교에 입학하고 졸업하는 성취를 이뤄냈으나, 결국 일본 사회에서의 성공을 포기하고 극단적인 선택을 하게 된다. 작품에 등장하는 인물들은 저마다 이국땅에서의 정착을 위해 노력하지만, 결국 좌절을 맛보고 만다. 저자는 30년에 걸친 방대한 자료 수집과 수많은 재일조선인과의 인터뷰를 통해 이 소설이 거의 사실에 근거하고 있음을 밝히고 있다.

신격호 회장님은 배고픔보다도 더 견디기 어려웠을 차별을 극복하고, 롯데를 일본 재계 10대 그룹, 한국 재계 5대 그룹으로 성장시키는 놀라운 업적을 이루셨다. 개인적으로 한국의 창업가 중 신격호 회장님과 H그룹 J 회장을 가장 높이 평가한다. 두 분 모두 이제는 고인이 되셨지만, 빈손으로 시작하여 세계 일류 기업으로 일구어내셨다. 그러나 이 두 분 중 우선순위를 꼽으라면 나는 주저 없이 신격호 회장님을 선택할 것이다. "파친코"를 통해 재일조선인들이 겪었던 차별과 고난의 삶을 이해한다면, 누구라도 나와 같은 선택을 할 것이라 확신한다. 회장님은 그 어려움을 희망과 극복이라는 굳건한 신념으로 헤쳐 나오셨을 거라 믿는다. 이 소설을 읽는 내내 분노와 답답함이 가슴을 짓눌러왔다.

3. 일본 롯데 방문

2009년경으로 기억된다. 오랫동안 방문하고 싶었던 신주쿠에 있는 일본 롯데 본사를 찾아갈 기회를 얻었다. 공식적인 업무 방문은 아니었지만, 한국에서 주재원으로 근무했던 일본 롯데물산의 사이토 부장과의 연결을 통해 방문이 성사되었다.

이 방문을 통해 회장님이 몸소 실천하셨던 '거화취실(去華就實)'의 정신과 내가 평소 마음에 새기고 있던 '검이불루, 화이불치(儉而不陋, 華而不侈)'의 가치가 자연스럽게 떠올랐다. 이는 각각 '화려함을 버리고 실질을 취하다'와 '검소하되 누추하지 않고, 화려하되 사치스럽지 않다'라는 의미로, 회장님의 경영 철학과 개인적 신념이 얼마나 깊이 연관되어 있는지를 다시 한번 깨닫는 계기가 되었다.

4. 롯데 사명 '젊은 베르테르의 슬픔'을 읽다

입사 초기에는 "롯데"라는 사명에 대해 일종의 어색함을 느꼈다. 당시 국내 대다수 기업이 한국식 사명을 사용하고 있던 시기였기 때문이다.

그러나 IMF 외환위기 이후 국제화의 물결이 거세게 밀려오면서, 많은 기업이 사명을 영문으로 표기하기 시작했다. 이러한 변화의 시기에도 롯데는 창립 때부터 사용해 오던 "LOTTE. 롯데"를 그대로 유지했다. 선견지명이 있는 탁월한 선택이었다.

회장님께서 문학청년 시절, 이 소설에 깊은 감명을 받아 작품의 여주인공 이름을 사명으로 정했다는 일화를 들은 바 있다. 이러한 연유를 더 깊이 이해하고 싶은 마음에, 그 책을 다시 한번 정독하게 되었다.

'젊은 베르테르의 슬픔' 창작 동기

'젊은 베르테르의 슬픔'은 요한 볼프강 폰 괴테(1749-1832)가 25세이던 1774년에 단 14주 만에 완성한 걸작이다. 이 작품의 배경에는 괴테의 개인적 경험이 깊이 반영되어 있다.

1772년 봄, 법학 공부를 마친 괴테는 베슬러 시의 고등법원에서 법무 실습을 하게 된다. 이 기간 동안 그는 현지 법무관 부프의 집을 자주 방문하면서 그의 딸 샤로테(1753-1828)를 사랑하게 된다. 그러나 로테는 이미 외교관 케스트너(1741-1800)와 약혼한 상태였다. 감정이 고조된 어느 날, 괴테는 로테에게 강제로 키스를 하게 된다. 이에 로테는 괴테를 타일러 우정 이상을 기대하지 말라고 조언한다.

이 사건으로 큰 상처를 입은 괴테는 두 사람에게 마음의 편지를 남기고 고향으로 돌아간다. 이는 괴테의 세 번째 도주였다. 괴테의 생애에는 9명의 여성과의 애정 관계가 있었으나, 그중 결혼에 이른 것은 크리스티아네와의 관계 단 한 번뿐이었다. 나머지 관계는 모두 중도에 끝났다. 괴테는 매 시기마다 이상적인 여성을 만나는 행운을 가졌다고 전해진다. 그의 사랑은 진지하고 헌신적이었으며, 각 여성에게 그 순간만큼은 온몸과 마음을 다해 겸손하게 사랑했다고 기록되어 있다. 이러한 경험들을 통해 괴테는 항상 더 높은 수준의 정신적 발전을 이룰 수 있었다. 베슬러를 떠난 지 약 6개월 후, 괴테는 충격적인 소식을 듣게 된다. 베슬러에서 공사관 서기관으로 일하던 그의 라이프치히 대학 친구 예루살렘이 친구의 아내에 대한 연정으로 인해 자살했다는 것이다. 더욱 아이러니한 것은 예루살렘이 사용한 권총이 로테의 약혼자인 케스트너가 빌려준 것이었다는 점이다.

이 사건은 괴테에게 큰 영감을 주었고, 그는 자신의 짝사랑 경험과 이루지 못한 사랑으로 고통받다 자살한 친구의 이야기를 바탕으로 '젊은 베르테르의 슬픔'을 창작하게 된다. 이 작품은 단순한 실연 이야기를 넘어서 인간의 본질적인 감정을 탐구하고 괴테의 내면세계를 깊이 있게 표현했다. '젊은 베르테르의 슬픔'은 당시 젊은이들의 마음에 강렬한 충격을 주어 큰 반향을 일으킨 문제작으로 평가받고 있다.

'젊은 베르테르의 슬픔' 줄거리

발하임(=베슬러)으로 이주한 베르테르(괴테, 예루살렘을 책에서 표현한 인물)는 무도회에서 알게 된 로테를 보고 첫눈에 반한다. 베르테르의 당시 감정을 표현한 책 속의 내용을 옮기면 다음과 같다.

「인간들은 흔히 즐거운 날이 아주 적고, 나쁜 날들이 너무나 많다고 불평하지만 옳지 않다. 젊은이들이 온갖 즐거움에 스스로 문을 활짝 열어 놓을 수 있는 인생의 꽃다운 청춘기임에도 불구하고, 서로 얼굴을 찌푸리고 즐거운 일을 망쳐 버린다. 그들은 상당한 시일이 지난 다음에야 비로소 돌이킬 수 없이 좋은 시간을 낭비했다는 사실을 깨닫게 된다. 우리가 늘 마음의 문을 열어젖히고 신께서 우리에게 날이면 날마다 마련해 주시는 은총을 받아들인다면, 설사 나쁜 일이 닥쳐온다 할지라도 우리는 그것을 견디어 낼 힘을 넉넉하게 가질 수 있다.」

감정이 밝고 긍정적인 상태임을 알 수 있다. 베르테르는 로테에게 접근하여 친교를 맺고 집을 왕래할 정도로 가까워진다. 여기에서 베르테르의 로테에 대한 사랑하는 마음을 옮기면 다음과 같다.

「나는 그렇게 매력적인 입술을 본 적이 없었다. 그 입술은 악기에서 흘러나오는 달콤한 곡조를 들이마시려고 허덕이는 듯 벌어져 있었다. 그리하여 오직 은밀한 메아리만이, 그 순결한 입에서 새어 나오는 듯했다.」

여기에서 보듯이 베르테르가 로테를 얼마나 사랑했는지 알 수 있다. 그러나 로테는 이미 약혼자 알베르트(=케스트너를 책에서 표현한 인물)가 있었다. 알베르트가 발하임에 돌아오면서 베르테르는 크게 실망한다. 가질 수 없는 사랑에 괴로워하던 베르테르는 로테를 잊고자 발하임을 떠나기도 하지만 다시 발하임으로 돌아온다. 이미 유부녀가 된 로테 주위를 맴돌며 괴로워하고, 로테는 베르테르에게 친밀감과 호감을 느끼면서도 남편을 위해 베르테르와 거리를 두고자 한다. 결국 베르테르는 로테에게 구애하며 키스를 시도하고, 당황한 로테는 절교를 선언한다.

「베르테르는 극도의 절망에 빠져, 로테 앞에 꿇어 엎드리고 그녀의 두 손을 붙잡고 차례로 자기의 눈과 이마에 갖다 꾹 눌러댔다. 베르테르의 무서운 의도에 대한 예감이 머릿속을 번갯불처럼 스쳐 갔다. 그래서 로테는 그의 두 손을 꼭 잡고 자기 가슴에 갖다가 꼭 눌러 댄 다음 슬픈 감정에 못 이겨 그에게 몸을 구부렸다. 두 사람의 타오르는 뺨이 맞닿았다. 베르테르는 두 팔로 그녀를 휘감아 가슴에 꼭 껴안은 다음, 떨리고 웅얼거리는 입술에다 미친 듯 키스를 퍼부었다. 로테는 힘없는 가냘픈 손으로 자기 가슴에서 그의 가슴을 밀어내면서 숨 막히는 목소리로 "베르테르 씨!"하고 외쳤다. 로테는 몸을 뿌리치고 일어나더니 사랑인지 분노인지 분간할 수 없는 불안에 사로잡혀 몸을 떨면서 "이것이 마지막이에요. 베르테르 씨, 이제는 다시는 만나지 않겠어요" 그리고 로테는 이 불쌍한 베르테르에게 사랑이 가득 찬 눈길을 보내면서 옆방으로 뛰어 들어가 문을 잠가 버렸다. 절망에 빠진 베르테르는 문에서 떨어지면서 "로테 안녕, 영원히 안녕!"하고 외쳤다.」

두 사람은 이룰 수 없는 사랑에 괴로워하며 더 이상의 큰 파국을 피하려는 생각에서 로테는 절교를 선언한다. 다음날 베르테르는 그녀에게 보낼 편지를 쓴다.

「제가 눈을 뜨는 것도 이것이 마지막입니다. 이 눈은 아아, 이제 다시는 태양을 볼 수 없을 것입니다! 여행하려고 하는데 권총을 빌려주시겠습니까. 그럼 안녕히 계십시오.」

실연을 당한 베르테르는 마지막 결심을 하고 편지를 써서 하인에게 주어 로테에게 전하도록 한다. 편지를 받아본 알베르트는 로테에게 권총을 전해주도록 한다. 로테는 총에 먼지를 닦아서 건네주고, 이 사실을 하인으로부터 전해 들은 베르테르는 권총에 로테의 체취가 남아있다고 생각하여 권총에 키스를 퍼붓는다. 로테는 간밤에 거의 잠을 이루지 못했다. 전부터 두려워해 왔던 일이 드디어 결판나게 되었기 때문이다. 짐작도 못 하고 두려워하지도 않았던 뜻밖의 방향으로 판가름이 나고 만 것이다. 로테에게는 베르테르를 잃어버린다는 것이 참을 수 없는 일이지만, 베르테르는 로테를 잃어버린다면, 이 세상에서 그에게 남는 것이 아무것도 없게 된다. 베르테르는 로테를 처음 만났을 때 로테가 달고 있던 리본을 주머니에 넣은 상태로 죽음을 맞이하며 리본과 같이 묻어주길 바랐다. 베르테르는 자살하기 직전 마지막 편지를 쓴다.

「자 탄환은 재어 놓았습니다. 지금 열두 시를 치고 있습니다. 자 그러면 됐습니다. 로테. 로테. 안녕, 안녕!」

다음 날 아침 의사가 도착했을 때 베르테르는 이미 회복할 수 없는 상태였다. 베르테르는 다음 날 정오 12시 정각에 숨을 거두었고, 밤 11시경 자신이 원했던 장소에 묻혔다. 자살에 있어 베르테르에게는 비극이 아니고 오히려 기쁨이요, 무한한 생명과의 합류를 의미했다. 인간의 고매한 정신을 억제하는 모든 것은 그에게는 감옥이었고 심지어 자신의 육신이 방해물이 되기 때문에, 그것은 자살로서만 완전히 벗어날 수 있다는 논리였다. 이 작품은 당대의 인습과 귀족사회의 통념에 반대하는 젊은 지식인의 우울과 열정을 나타냈지만, 우울증을 전염시키고 자살을 전파한다는 비판을 얻었다.

5. 롯데에 몸을 담다.

　　　　　　　　　시간은 우리에게 많은 것을 선사하기도 하고, 빼앗아 가기도 하면서 모든 것을 끊임없이 변화시킨다. 유아기와 청소년기에는 육체적 성장과 지식을, 청년기와 장년기에는 정신적 성장과 풍부한 경험을 통한 성숙과 지혜를, 노년기에는 원숙함과 차분함을 선물하는 듯하다. 그러나 개인마다 얻고 잃는 것의 양상은 다르다. 정직하고 열정적으로 봉사하는 마음가짐으로 살아간다면 얻는 것이 많을 것이고, 그렇지 못하다면 얻는 것보다 잃는 것이 더 많을 것이다.

　행복과 성공은 모든 이의 갈망이지만, 많은 이들이 실패와 불행으로 귀결되곤 한다. 롯데그룹의 사훈인 "정직, 정열, 봉사"를 내면화하고 실천한다면 누구나 성공의 길로 나아갈 수 있으리라 확신한다.

　인간의 발걸음이 모여 길이 만들어진다. 길의 종류는 실로 다양하다. 인적 드문 산길을 걷다 보면, 과연 누가 이 깊은 산중에 길을 내었을까? 하는 의문이 들 때도 있다. 문을 나서는 순간 가장 먼저 마주치는 것이 길이다. 이름 없는 길도 많지만, 그 이름 또한 다채롭다. 골목길, 오솔길, 논과 논 사이의 논둑길, 조금 빨리 갈 수 있는 샛길, 맨발로 걷기 좋은 황톳길, 꼬부랑 할머니 닮은 꼬부랑길, 이리 갈까 저리 갈까? 망설이는 갈림길, 아름다운 꽃길, 자동차가 서로 비켜 다닐 수 있도록 만든 신작로(일제 강점기 시절 조선에서 수탈한 곡물, 나무 등 온갖 물자들을 차로 실어 일본으로 가져가기 위해 만든 길) 등이 있다. 최근에는 제주의 "올레길"을 본떠 양평의 물소리길, 부안의 마실길 등 지자체마다 특색 있는 둘레길이 조성되고 있다. 산업화 시대에 접어들며 넓은 도로가 증가하고, 1번 도로, 47번 도로와 같은 번호 체계와 고속도로, 고속화도로 등 용도에 따른 명칭이 부여되어 사용되고 있다. 인생의 첫걸음은 보통 좁은 길로 시작되지만, 점차 더 넓은 길을 선택하며 광활한 세상으로 나아간다. 물론 태어난 곳에서 생을 마감할 때까지 눈을 감고도 걸을 수 있을 만큼 익숙한 길만을 고수하며, 낯선 길을 마다하고 살아가는 이들도 있다. 그러나 대부분 사람은 어린 시절을 고향에서 보내다가, 때가 되면 새가 둥지를 박차고 푸른 창공으로 날아오르듯 처음에는 작은 길에서 시작하여 점차 더 큰 길을 통해 넓고 험난한 세상으로 나아간다. 미지의 세계는 불안과 두려움, 그리고 막막함으로 가득 차 있다. 이러한 미지의 세계에 자신을 투신하는 중대한 결정은 누구나 할 수 있는 것이 아니다. 많은 이들이 이런 결정을 내리고 역경을 극복하여 성공을 거두기도 하지만, 그렇지 못한 이들이 훨씬 더 많을 것이다. 성공한 이들은 역사의 기록에 남지만, 실패한 이들은 역사 속에서 사라지고 만다.

신격호 회장님 역시 일제 강점기 말기인 1942년, 작은 산골 마을을 떠나는 큰 결심을 하셨을 것이다. 올해 2월, 회장님의 서거 4주기를 맞아 추모회에 참석하여 생가와 선영을 방문했을 때, 82년 전의 모습을 정확히 상상하기는 어려웠지만, 산골의 작은 마을에서 산과 하늘만이 시야에 들어왔을 것이라 짐작할 수 있었다. 이러한 환경 속에서도, 묘비석에 새겨진 "여기 울주 청년의 꿈 대한해협의 거인 신격호."라는 문구처럼, 회장님은 집 앞 좁고 기다란 골목길을 나서 점차 넓고 큰길을 따라 대한해협을 건너 일본 제일의 도시 도쿄로 향하는 원대한 꿈을 품고 결단을 내리셨다. 그리고 마침내 대한해협을 건널 때 품었던 대망의 꿈을 이루시고, 이제는 고향 선산에서 영면하고 계신다.

내가 롯데에 첫발을 디딘 것은 1978년 12월 15일이다. 출근 첫날, "대표이사 신격호"라고 명시된 발령장을 받았는데, 이 문서는 지금까지도 소중히 보관 중이다. 그날부터 롯데와의 긴 여정이 시작되었고, 그 시간 동안 수많은 경험을 통해 귀중한 가르침을 얻었다고 생각한다. 입사 초기에는 얼떨떨한 기분에 회장님에 대해 아는 바도 거의 없었고, 관심을 가질 여유조차 없었다. 하지만 회사 생활이 쌓여가면서 그룹의 구조와 각 계열사에 대해, 그리고 회장님에 대해서도 조금씩 이해의 폭을 넓혀갔다.

기획실 과장 시절부터 업무보고 실무를 담당하면서 회장님과 좀 더 가까워질 수 있었지만, 직접 대면할 기회는 없었다. 처음으로 회장님과 마주한 것은 2000년 임원 승진 후 업무보고 자리에 배석하게 되면서부터다. 그해 5월, 드디어 회장님을 직접 대면하게 되었다. 업무보고서를 검토하는 내내 평소와는 다른 긴장감이 감돌았고, 한편으로는 기대감도 컸다. 마침내 문이 열리고 회장님이 자리에 앉으시며 보고가 시작되었다. 보고 중 혹시 있을 질문에 대비해 준비한 자료를 챙기고 프로젝트 화면을 넘기느라 바빴고, 너무나 긴장한 나머지 어떻게 끝났는지도 모르게 보고가 마무리되었다.

간혹 질문을 하셨지만, 목소리가 차분하고 작아서인지 아니면 내 흥분과 긴장 때문인지 잘 알아들을 수가 없었다. 흥분과 긴장 속에 1시간 30여 분의 보고가 끝이 났다. 대개 회장들은 권위적이고 강압적일 것이라는 선입견을 품고 있었는데, 회장님은 약간 근엄하셨지만 온화한 모습이었다. 보고를 받는 내내 표정의 변화 없이 차분한 음성으로 간략하고 짧게 질문을 하셨다. 질문의 횟수도 그리 많지 않았던 것으로 기억한다.

그 후로 보고 때마다 배석하다 보니 여유가 생겨 회장님의 표정을 살피기도 하고 질문과 지시 사항을 노트에 적고 챙기는 여유도 생겼다. 좋은 보고이든 궂은 보고이든 표정의 변화가 별로 없었으며, 결정은 빠르고 지시 사항은 간결했다.

2008년 2월 대표이사로 취임한 후부터는 직접 보고를 하기 시작했다. 회장님의 뛰어난 경영 능력은 특히 위기 상황에서 더욱 빛을 발했다.

당시 신정부에서는 부실기업 워크아웃 선별 작업을 추진 중이었다. 우리 회사는 처음에는 대상에 포함되지 않았으나, 어떤 이유에서인지 1월 19일 발표에서 갑작스레 포함되어 언론에 공개되었다.

그러나 신격호 회장님은 이미 정부의 "워크아웃 기업" 발표 이

전에 구조조정 방안에 대해 재가를 내린 상태였다. 이러한 선견지명 덕분에 우리는 신속하게 대응할 수 있었고, 4월에는 구조조정을 성공적으로 마무리할 수 있었다.

신격호 회장님의 발자취를 따라가며, 그룹의 훈 "정직, 정열, 봉사"와 회장님의 생활신조인 거화취실(去華就實)의 의미를 깊이 이해하게 되었다. 이를 통해 회장님에 대한 진정한 존경심이 더욱 깊어졌다.

追書

나는 롯데기공 한 회사에서만 오랫동안 근무하다 2011년 2월에 퇴임했다. 회사를 떠나면 회사는 잊어도 사람은 잊지 말라는 격언이 있듯이, 롯데와의 인연이 끊어질 것이라 여겼다. 그러나 예상과 달리 그룹에서 운영하는 E-클럽의 발족으로 롯데와 다시 연을 맺게 되었다. E-클럽 회원에서 명예회원으로 전환되면서 또다시 롯데와 거리가 생길 것 같았으나, 작년 말부터는 롯데복지재단의 위원으로 위촉되어 롯데와의 인연을 이어가고 있다.

회장님과의 특별한 "에피소드"가 없어 글쓰기를 주저하고 있었다. 그러나 재직 중 일본 와세다 대학, 일본 롯데 본사, 독일의 괴테 생가 등을 방문한 경험과, 올해 2월 신영자 의장님의 배려로 재직 시 가보지 못했던 회장님의 생가와 별장, 선영을 방문할 수 있는 기회가 있었다. 또한 "LOTTE"라는 사명과 연관이 있는 "젊은 베르테르의 슬픔(고뇌)"을 두 차례나 정독하게 되었다. 이러한 경험들이 모여 "발자취를 찾아서"라는 글을 쓰게 된 계기가 되었다.

이런 산골 마을에서, 더구나 식민지 시대의 청년으로서 일본으로 건너갈 결심을 하고 실행에 옮기기까지 얼마나 많은 고뇌가 있었을까. 넓은 대한해협을 건너겠다는 결단을 내렸다는 사실은, 70년의 세월 동안 많은 경험을 했다고 자부하던 나조차도 가슴을 뛰게 하고 회장님에 대한 경외심을 더욱 깊게 만들었다.

뭐라 했노?

김승웅
부산롯데호텔 전 대표이사

　　　　　　30년이 넘는 세월 동안 롯데호텔에 몸담았던 나의 기억 속에서, 고 신격호 회장님과의 순간들이 생생하게 되살아난다. 회장님께서 작고하신 후 마음에 잊히지 않은 일들이 떠올라 회장님의 인간적인 면에 대해 많은 생각을 하게 되었고, 업무적인 일보다 격의 없이 나누었던 말들을 생각하며 잊을 수 없는 추억이 되어 떠오른다.

　1979년, 롯데호텔의 그랜드 오픈과 함께 간부사원으로 입사하였다. 외국인 투자법인으로 출발한 호텔의 특성상, 초기에는 관련 기관들과의 연계 업무가 많았고, 그로 인해 회장님께 보고를 드리는 일도 빈번했다. 그때마다 나는 회장님의 기업관과 경영관을 엿볼 기회를 가졌다.

이후 호텔 영업부문 간부사원으로서 대외 마케팅 활동을 펼치면서, 나는 수많은 외부 인사들과 정관계 인사들 그리고 다른 재벌 그룹의 회장들을 만날 기회를 가졌다. 그 과정에서 나는 회장님과 같이 일본에서 자수성가하여 조국의 발전을 위해 국내에 진출한 재일교포 기업인들의 다양한 면모를 접할 수 있었다. 특히 회장님의 기업경영방향은 남달라서 더욱 존경심을 갖게 되었던 일이 있다.

호텔 재직 중 롯데월드 프로젝트의 일원으로 선발되어 월드를 오픈하는 프로젝트에 참여하게 되었는데, 신격호 회장님은 두 달에 한 번꼴로 현장을 방문하셨다. 잠실에 도착하시면 월드 점 앞에서 내리셔서 쇼핑몰을 거쳐 호텔 잠실점을 둘러보신 후, 롯데월드에서 화려한 퍼레이드를 관람하시곤 했다. 회장님의 일과는 언제나 호텔에서의 식사로 마무리되었다.

회장님의 방문 때마다 안내를 맡게 된 나는, 뜻밖의 역할을 맡게 되었다. 월드 점장과 잠실점장이 각각 대구와 부산 출신이라 회장님의 말씀을 잘 이해할 거라 예상했으나, 현실은 달랐다. 회장님의 낮은 목소리 때문인지, 아니면 직원들의 긴장 때문인지 의사소통에 어려움이 있었다. 그래서 나는 갑작스럽게 '통역자'라는 역할을 맡게 되었고, 모든 임직원들의 입방아에 오르는 일도 있었다. 나는 대구에서 어린 시절 친척 할아버지와 한방에서 생활하며 경상도 사투리를 많이 듣고 자랐었는데, 회장님의 말씀이 우리 할아버지와 너무 닮아 무슨 말씀을 하시는지 쉽게 알아듣고 전달할 수 있었다. 이 우연한 인연으로 인해, 나는 회장님이 잠실에 오실 때마다 불려 나가게 되었고, 이러한 특별한 경험은 잊을 수 없는 추억이 되었다.

이후 부산 롯데호텔로 발령받았을 때도, 회장님의 방문은 계속되었다. 호텔 인근의 세븐일레븐, 롯데리아 등이 있는 서면 일대를 둘러보시며 각 영업 현황에 대해 꼼꼼히 질문하시던 회장님의 모습이 기억난다.

한 번은 회장님께 부산시장 외에도 부산시 기업인들 모임인 부산 상공회의소 회장도 만나시면 부산의 기업현황도 알 수 있고 좋겠습니다라고 말씀드려 보았다. 그러자 상공회의소 회장에 대한 세세한 질문들이 쏟아졌다. 나는 상공회의소 회장의 사업 분야, 나이, 기업 규모 등을 상세히 설명드렸고, 이후 두 분의 만남은 매우 성공적이었다. 회장님은 그분과의 대화를 즐기셨고, 그의 인품을 높이 평가하셨다.

서면 일대를 돌아보시며 내가 부산상공회의소 회장과 나누었던 대화를 회장님께 전해 드렸을 때 회장님의 기쁨 가득한 모습이 아직도 눈에 선하다.

상공회의소 회장이 나에게 "김 사장은 연봉이 이십억은 되지요?"라고 물었다고 회장님께 이야기를 꺼내었다. 회장님께서는 "응? 뭐라 했노?"라고 물으셨다. 그래서 나는 상공회의소 회장님께 "예, 이십억 조금 더 됩니다."라고 대답했다고 회장님께 말씀드렸다. 그러자 회장님은 놀라며 "그리되나?"라고 물으셨다. 나는 웃으며 "그렇습니다. 실제 연봉 3억에, 명예 연봉 이십억입니다."라고 농담으로 대답했다고 말씀드렸고, 이에 회장님은 슬며시 미소 지으며 걸으셨다. 부산호텔 대표 시절, 많은 즐거운 순간이 있었지만, 그때 회장님의 표정이 가장 기억에 남는다.

따뜻한 정이 가득하셨던 회장님, 언제나 잊지 않고 살아가겠습니다.

삶의 중심에서
그 전부로

류용상
롯데호텔 전 전무이사

　　　　　　1978년 10월, 롯데호텔의 건축 현장이 한창 활기를 띠고 있을 때, 나는 4층 임시 사무실에서 당시 권원식 총지배인의 면접을 통해 호텔사업부 경리과장으로 첫발을 내디뎠다. 2005년 3월, 영업본부장으로 사직서를 제출할 때까지, 28년 동안 내 삶의 중심은 호텔롯데이었다. 그리고 그 시간 동안 내 가슴 한가운데에는 항상 신격호 회장님에 대한 깊은 존경심과 감사함이 가득 차 있었다. 이는 지금도 변함없이 내 마음속에 자리 잡고 있다.

　　1988년 서울올림픽의 성공적인 개최 이후, 호텔롯데는 세계적인 명성을 얻게 되었다. 그즈음 나는 경희호텔전문대학의 관광호텔 2급 지배인 특설반에서 호텔 회계학 강의를 맡고 있었다. 수강생들은 호텔과 여행사 등 관광 분야에서 일하는 다양한 배경의 선후배들이었다. 어느 날, 한 학생이 질문을 던졌다. "롯데는 매판자본에 의해 운영되고 있으며, 순이익을 전부 일본으로 송금하는 외국 회사 아닙니까?"

이는 오해를 바로잡을 수 있는 절호의 기회였다. 나는 먼저 매판자본(Comprador Capital)의 개념부터 설명하기 시작했다. 그리고 신 회장님의 파란만장한 인생 스토리를 들려주었다. 19살에 일본으로 밀항하여 비누와 포마드, 껌과 과자 사업으로 대성공을 거둔 후, 박정희 대통령의 재외교포 모국 투자유치 계획에 따라 당시 1억 5천만 달러라는 거금을 투자하여 롯데호텔과 잠실 롯데월드호텔을 건립한 이야기였다. 특히 이 투자의 조건 중 하나가 순이익을 일본으로 송금하지 않는다는 것이었음을 강조했다. 회장님의 이 과감한 투자로 관광 불모지였던 우리나라에 '관광 발전'과 '호텔산업'이라는 개념이 자리 잡기 시작했다고 설명했다.

경리 부장으로 승진한 후, 회장님께 처음으로 브리핑하게 된 날이 기억난다. 긴장감에 숫자의 단위를 백만인지 십만인지 헷갈려 당황하기 시작했을 때, 회장님께서는 "뭐라고? 얼마라고?" 하며 확인하셨다. 배석했던 상급자가 "회장님, 류 부장이 오늘 처음이라 긴장해서 혼동하는 것 같습니다."라고 말씀드리자, 회장님은 "다시 천천히 보고해 봐"라고 하셨다. 그 순간 회장님의 표정에서 느껴진 인자함은 잊을 수 없다.

마음을 가다듬고 보고를 이어가는데, 회장님께서 갑자기 "사장차가 한 달에 기름값이 얼마인가? 그리고 차량 통행료를 한 달에 얼마를 쓰는가?"라고 물으셨다. 나는 당황할 수밖에 없었다. "회장님, 거기까지는 공부를 하지 못했습니다."라고 솔직히 답변드리자, 회장님은 이렇게 말씀하셨다. "경리 부장은 말이야, 회사의 골문지기야. 회사 자산을 지키고 관리해야 하는 사람이 임원들이 한 달에 비용을 얼마를 쓰는지 다 파악해서 체크하고 정당한지 판단해야지. 알겠는가?"

그 이후 10년이 넘도록 자금 보고와 결산보고 등을 브리핑하면서 회장님께서는 그와 같은 질문을 다시 하지 않으셨다. 하지만 나는 매번 보고할 때마다 그 '숙제'를 완벽하게 해내고 브리핑 준비를 했다. 돌이켜 보면, 회장님은 그 순간 나에게 엄청난 훈련과 교육을 하신 것이다.

2000년 초가을의 어느 날, 회장님께 보고를 마치고 동료들과 무교동에서 저녁 식사를 즐긴 후 회사로 돌아가는 길이었다. 을지로 입구역에서 뜻밖에 회장님과 마주쳤다. 홀로 산책을 나오셨다는 회장님께 제가 모시겠다고 자청하자, 회장님은 미소와 함께 승낙하셨다.

무교동의 좁은 먹자골목을 지나 네온사인이 깜빡이는 어느 술집 앞에 이르렀을 때, 회장님께서 물으셨다.

"자네, 이 집에 가 보았나?"

"아니요. 가 보지 않았습니다."

"이런 집은 술값이 얼마나 해?"

2000년 초 가을의 어느 날, 회장님께 보고를 마치고 동료들과 무교동에서 저녁 식사를 즐긴 후 회사로 돌아가는 길이었다. 을지로입구역에서 뜻밖에 회장님과 마주쳤다. 홀로 산책을 나오셨다는 회장님께 제가 모시겠다고 자청하자, 회장님은 미소와 함께 승낙하셨다.

백남빌딩 맞은편의 세븐일레븐으로 향하신 회장님은 음료수 진열대를 살펴보셨다. "칠성사이다가 많아? 생수는 어느 것이 많아?"라고 물으셨다. 과자 코너로 이동해서는 "롯데제과 것이 제일 많이 보입니다."라고 말씀드리자, "그래야지. 과자는 롯데끼 맛이 좋지."라고 답하셨다.

"제가 아는 바로는 1인당 15~20만 원 정도입니다.".

바로 옆 '비어홀'이라고 쓰인 맥줏집을 가리키며 회장님께서 말씀하셨다.

"자네, 이 집에 가 보고 와."

"손님이 많은 것 같습니다."

"우리가 운영하는 보비런던과 비교해서 술값이 어디가 비싼지 알아봐."라고 지시하셨다. 어쩔 수 없이 들어가 메뉴판을 확인하고 나와 보고드렸다. "보비런던이 조금 비싼 것 같습니다." 회장님은 "내일 두 술집의 술 가격을 잘 비교해 보고 검토해 봐."라고 말씀하셨다.

잠시 걸으시더니 회장님은 편의점으로 들어가셨다. 냉장고의 아이스크림을 유심히 살펴보시며 "롯데 것이 많아? 해태 것이 많아?"라고 물으셨다. 그러고는 롯데 제품을 위로 올려놓으라고 지시하셨다. 이제야 깨달았다. 이것은 단순한 산책이 아닌, 치열한 시장조사였다.

백남빌딩 맞은편의 세븐일레븐으로 향하신 회장님은 음료수 진열대를 살펴보셨다. "칠성사이다가 많아? 생수는 어느 것이 많아?"라고 물으셨다. 과자 코너로 이동해서는 "롯데제과 것이 제일 많이 보입니다."라고 말씀드리자, "그래야지. 과자는 롯데끼 맛이 좋지."라고 답하셨다. 경영은 이렇게 하는 것이라고 가르치고 계신 것이다. 지금도 회장님의 그 일거일동이 눈에 보이는 듯하다.

내 삶의 중심에는 호텔롯데가 있다. 아이들을 키우고, 공부시키고, 결혼을 시킨 모든 공이 호텔롯데에 있었고, 든든한 버팀목이었다. 28년간의 근무 동안, 특히 20년이 넘게 회장님께 브리핑을 하면서 배우고 터득하고 전부를 얻어 가지고 있습니다.

　회장님, 저는 지금도 회장님의 존함 앞에 고(故) 자를 붙이고 싶은 생각이 추호도 없습니다. 제 삶의 중심, 그 전부가 회장님의 가르치심이기 때문입니다. 그리고 아직도 살아 계신다는 마음으로 이 글을 쓰고 있습니다.

'아이디어'에 대해서
어떻게 생각해?

박송완

롯데캐피탈 전 대표이사

무언가를 추억한다는 것은
늘 애틋하다.

　　　　　　인재개발원장으로 재직하던 시절, 신격호 회장님께 정례 보고를 드리던 그날이 아직도 기억난다. 여러 교육 계획을 회장님께 조곤조곤 설명해 드렸다. 인재의 소중함을 누구보다 강조하시던 분, '한 번 내 울타리에 들어온 사람들'이라며 결코 가볍게 대하지 않으시던 분이지 않은가? 끝까지 가만히 들으시고는,

"그래, 교육은 중요하니까 좋은 교육을 잘 시키도록 해"

그리고 이어진 말씀은 나를 당혹스럽게 했다.

"그런데 말이야, 박 원장은 '아이디어'에 대해서 어떻게 생각해?"

순간 머릿속이 하얘졌다. '아이디어'라는 말을 입에 달고 살면서도, 정작 그 본질에 대해 깊이 생각해 본 적이 없었다. 답변이 난감했다.

윗분들께 보고를 드리게 되면서 나름의 원칙은 가지고 있던 터였다. '반드시 fact에 근거해서 보고를 드린다. 그런 바탕 위에서 그분들이 최적의 판단을 하시도록 보좌하는 것이 나의 책무다. 모르는 것은 모른다고 한다.' 그런 맥락에서 궁색한 나의 답변은 대강 이러했던 것 같다.

"회장님, 그 문제는 깊이 생각해 본 적이 없는 것 같습니다."

회장님께서는 미소 지으며 말씀하셨다. "하하, 그런가? 자네들은 아마도 '아이디어' 하면 가만히 있다가 마치 번개가 치듯이 어떤 생각이 번쩍하고 떠오른다고 생각하지?"

"아마도 그런 것 같습니다."

"그런데 내가 사업을 오래 해오면서 보니까 그런 건 아닌 것 같아. 그냥 떠오르는 생각은 없었어. 어떤 문제가 생겨서 그 해결책을 고민하거나, 무언가 새로운 것을 하고자 할 때, 생각하고 또 생각하고 죽을 것 같이 생각하다 보면 어렴풋이 어떤 실마리 같은 것이 올라와. 그때, 그것을 잡아채서 생각을 이어가다 보면 무언가가 떠올라. 나는 그게 '아이디어'라고 생각해. 여러 가지 좋은 교육이 많이 있겠지만 우리 임직원들이 좋은 아이디어를 많이 낼 수 있도록 도와줄 수 있는 그런 교육도 해봐."

"예."

그러고는 이어서 말씀하셨다.

"우리가 하는 일이 그렇게 복잡하지 않아. 좋은 아이디어를 가지고 좋은 값에 좋은 제품을 만들어서 시장에 나가서 우리 고객들과 만나는 거야. 그게 다야."

말씀은 간단했다. 그러나 그 울림은 대단히 컸다.

경영학의 광대한 문헌들이 비즈니스에 관한 무수한 이론을 전개하지만, 그 본질적 진리는 종종 불투명한 안개속에 가려져 있다. 그러나 이 거인은 우리의 직업적 소명, 즉 비즈니스를 놀라울 정도로 간결하고 명료하게 정의하셨다. 이러한 함축적이면서도 심오한 정의는 우리가 하는 '業의 본질'을 명확히 정의함으로써, 우리가 집중할 포인트를 더욱 명확하게 해 주고 역량의 분산도 최소화할 수 있을 것이다. 그러면 자연히 좋은 성과 또한 따라오지 않을까?

자신이 하는 일에 관해서 죽을 듯이 고민해 본다는 것, 業의 본질에 집중해서 그곳에 자신의 역량을 최대한 투여해 본다는 것은 개인의 발전을 위해서도 도움이 되는 일이 아닐까? 또한 나의 일터이자 삶터인 조직의 발전에도 도움이 될 수 있는 일은 아닐까?

아이디어의 본질에 대해서, 비즈니스의 정의에 대해서 평생 잊지 못할 가르침을 얻었던 순간이었다. 그 후로, 동료 후배들과 대포라도 한잔할 적이면 이 이야기를 주섬주섬 꺼내놓는 나의 모습을 발견하고는 빙그레 웃음 짓기를 여러 차례 했던 것 같다. 창업주이면서 경영의 구루로부터 이렇듯 한 수씩 직접 배움을 얻을 수 있는 기회를 가졌던 것은 엄청난 행운이었음을 새삼 깨닫고 있다.

마치 한 장의 스틸 컷처럼 그날의 그 정경이 아스라한 기억으로 다가오는 아침이다.

회장님의 경영방식은 질문이다.

대표이사
롯데KKD(현 롯데GRS) 전 대표이사

ChatGPT4와 같은 최신 AI 기술이 세상을 놀라게 하는 지금, AI 검색 시스템의 핵심이 질문하는 능력에 있듯이 신격호 회장님의 경영방식 또한 끊임없는 질의응답을 통해 최적의 해답을 도출해 내는 데 있었다. 회장님은 항상 책임의 소재를 명확히 하는 것으로 대화를 시작하셨다. "이게 누가 책임을 맡고 있는가?"라는 질문은 단순한 확인이 아닌, 책임감을 가지고 업무에 임하라는 메시지였다. "제가 책임을 맡고 있습니다"라는 대답을 들으면, "그렇지. 그래서 내가 자네에게 책임을 맡겼지. 그래서 잘 따져보고 잘 검토해서 해야 한다"라고 강조하셨다.

회장님의 질문은 거기서 그치지 않았다. "그런데 이런 건 어떻게 할 생각인가?"라는 후속 질문은 더 깊은 사고와 구체적인 계획을 요구하는 것이었다. 이는 마치 AI 시스템이 초기 입력을 바탕으로 더 정교한 결과를 도출해 내는 과정과 흡사하다.

특히 회장님은 숫자에 민감하셨다. 제품의 판매 수치와 시장 점유율에 관한 질문은 항상 구체적이고 날카로웠다. "전체 시장 규모는 어찌 되고 그 시장에서 우리의 위치는 어떠한가? 왜 1등이 되지 못했는가? 무엇이 문제인가? 어떻게 해야 1등이 될 수 있는가?" 이러한 질문들은 단순한 현황 파악을 넘어, 문제의 본질을 파악하고 해결책을 모색하는 과정이었다.

더 나아가 회장님은 다양한 관점에서의 의견 수렴을 중요시하셨다. "자네는 어떻게 하려 하는가? 전문가들은 뭐라고 하는가? 시장조사는 해 봤는가? 현장에서는 뭐라 하는가? 점주들은 만나 봤나? 소비자들의 반응은 뭔가?" 이러한 질문들은 다각도의 데이터를 수집하고 분석하는 AI의 작동 방식과 놀랍도록 유사하다. 신격호 회장님의 이러한 끊임없는 질문과 답변 도출 과정은 오늘날 AI가 검색 결과를 도출해 내는 방식과 매우 흡사하다. 이는 회장님이 얼마나 앞서가신 분이었는지를 명확히 보여준다.

어느 날, 그룹본부 임원들과의 실적 관련 종합 보고 자리였다.

"지금 호텔 담당이 누군가?"라는 회장님의 질문에 한 임원이 대답하자, 회장님은 경쟁사 호텔의 서비스와 음식에 대한 조사를 요구하셨다. 그러나 뜻밖에도 임원은 "회장님, 저희 월급 가지고는 그런 데서 밥을 못 사 먹습니다"라고 답했다. 이 순간, 회의실은 정적과 웃음이 뒤섞인 묘한 분위기에 휩싸였다.

회장님께서는 "어! 그렇지" 하고는 계속하자 하시며 서류를 뒤적이는 게 아닌가? 순간 당황하셨을 수도 있고 "회삿돈으로 지급하면 되지!" 이렇게 말하실 수도 있었을 텐데 왜 그런 말씀을 하셨을까? 하는 의문이 들었다. 나중에 비서실 통해서 답을 알 수 있었다. 회장님은 한국 체류 시 롯데호텔 신관 38층을 숙박 겸 집무실로 사용하시면서도, 모든 비용을 개인 돈으로 지출하고 계셨던 것이다. 심지어 점심으로 드신 호텔 무궁화의 된장찌개 값까지 일체를 정산하고 있었다. 이는 회장님의 철저한 공과 사 구분을 보여주는 단적인 예다. 회장님의 법인카드 같은 것은 존재하지 않았으며, 모든 개인 비용은 엄격히 구분되었다.

회장님의 명함 역시도 곁눈질로 본 적이 있었다. 주로 기자들과의 인사를 나눌 때 회장님도 명함을 가지고 계셨던 것이다. 순간 난 웃음이 나왔다. 명함에는 별다른 내용 없이 '롯데 신격호' 이 글자만이 있었던 것이다. 회장님을 모르는 이가 없다는 뜻이기도 하고, 간결히 롯데와 나라는 자신감의 발로 아닐까? 대통령이 몇 대 대통령인지 주소가 어디인지 전화번호까지 기입할 필요가 있을까? 하는 생각도 들었다.

다시 본론으로 돌아가, 회장님의 질문은 단순한 정보 요구를 넘어선 깊은 의미를 담고 있었다. 그것은 보고자의 자신감과 의지, 충분한 숙지 여부, 대책의 준비 상태, 개인의 견해, 그리고 책임지는 자세를 확인하고자 하는 의도였다. 낮은 톤으로 조용히 질문하시면서도, 회장님의 눈빛은 항상 또렷하게 보고자를 응시하고 있었다. 낯을 가리신다고 알려진 회장님이 보고받으실 때만큼은 항상 보고자와 눈을 맞추셨다는 점은 주목할 만하다.

노년에 접어들어 일부 보고 시간에 피곤해 보이셨다고 하는 이들이 있었지만, 이는 회장님의 하루 일정을 모르는 이들의 이야기였다. 아침 10시부터 시작된 보고는 질의응답 시간만 해도 항상 두 시간을 넘기곤 했다. 이는 젊은 성인도 견디기 힘든 중노동과 같은 일정이었다.

회장님은 수많은 사업 아이템을 모두 꿰뚫고 계셨지만, 모르는 부분에 대해서는 솔직히 "잘 모르겠는데"라고 말씀하시곤 했다. 한 번은 'TMS 시스템과 웨어하우스 매니지먼트 시스템에 대한 보고'를 들으시고는 즉시 옆에 있던 나에게 "박군, 지금 이게 무슨 말인가?"라고 물으셨다. 설명을 들으신 후에는 "그렇지, 대표가 그렇게 좀 쉽게 이야기하면 안 되나? 회장이 그리 어려운 외국 용어들을 알아야 하는가?"라고 말씀하셨다.

질문에는 힘이 있다. 그것은 결과를 찾아내는 지름길이었다. 회장님은 이러한 질문의 힘을 가장 먼저 알고 실천하신 분이었다.

테마파크의
비밀

우성훈

롯데브랑제리 전 대표이사

「테마파크의 비밀」의 저자 〈이토 마사미〉는 "테마파크는 컨셉에 따라 만들어진 이미지의 세계를 보다 즐겁게 지낼 수 있도록 연출하여 의사체험(疑似體驗)을 할 수 있는 3차원의 세계이다"라고 말했다.

또한 롯데월드는 단순한 놀이공원이 아닌 그 이상의 큰 의미를 지니고 있었다. 21세기 새로운 라이프스타일에 대비한 최첨단 서비스 산업의 선도, 다기능 미래 지향적 도시 공간의 창출, 세계적 관광 명소로서 국가 이미지 고양, 고용 창출과 외화 획득을 통한 국가 경제 기여. 이 모든 것이 롯데월드의 목적이었다. 그러나 그 이면에는 회장님의 더 큰 꿈이 있었다. 모든 사람들에게 행복과 즐거움, 그리고 꿈과 희망을 주고 싶다는 소망이 더 컸을 것이라고 생각한다.

이렇게 세워진 롯데월드는 마침내 국내 최초, 세계최대의 전천후 실내 테마파크로 인정받아 1994년 기네스북에 등재되는 영광을 안기도 했다.

밖에는 함박눈이 내리는 성탄절과 연말의 분위가 무르익어가는 12월의 어느 날 밤이었다. 롯데월드 어드벤쳐 유리 돔 안은 마치 다른 세상처럼 즐거움으로 가득 찼고, 일찍 방학을 맞은 학생들의 웃음소리로 넘쳐났다.

나는 매일 저녁 회사 식당에서 식사하며 늦은 밤까지 근무하는 시기였다.

현장을 꼼꼼히 점검하던 그때 어드벤쳐 상황실에서 급한 연락이 왔다.

무슨 일일까 하며 전화를 받자, 직원의 목소리가 귓가를 울렸다. "회장님 전화입니다. 빨리 오셔서 받으세요."

숨 가쁘게 상황실로 달려갔다. 수화기를 들자, 회장님의 목소리가 들려왔다.

"파크가 오늘은 어떤가? 입장객이 얼마나 되지?" 회장님의 질문에 하나하나 보고를 드렸다.

회장님께서 한국에 오실 때면 주말마다 잠실을 찾으시곤 했다. 백화점, 마트, 호텔, 그리고 마지막으로 어드벤쳐까지. 이는 마치 관례와도 같은 일정이었다. 그때마다 회장님을 모시고, 대표이사와 관련 임원들이 회장님의 질문에 답하고 보고를 드렸기 때문에, 그러한 순서대로 차근차근 보고를 드렸다. 어드벤쳐, 매직아일랜드, 민속관의 입장객 현황부터 전년 동기 대비 증감과 그 원인분석까지. 주요 시설이용 현황, 상품점 매출, 식음점 매출까지 빠짐없이 보고했다.

회장님의 기억력은 실로 놀라웠다. 눈으로 보지 않고도 놀이시설, 상품점, 식음점의 상황을 마치 훤히 들여다보는 듯했다. 회장님의 천부적인 기억력 앞에 나는 늘 경외심을 느꼈다.

회장님의 세세한 질문에 나는 항상 긴장했지만 나는 늘 정직하고 성실하게 답변드렸다.

특히 상품점이나 식음점의 전년동기 대비 매출액, 평당 매출액, 좌석당 매출액 등을 물으실 때면 나는 더욱 긴장했다.

그래서 나는 마치 시험 예상 문제집을 공부하듯, 혼자만의 분석자료와 통계수치를 늘 작성해 두곤 했다. 이는 어느새 나의 습관이 되어 있었다.

거대한 그룹을 이끌면서도 이토록 세세한 부분까지 챙기시는 회장님의 모습에 나는 항상 존경심을 느끼지 않을 수 없었다.

전화 너머로 들려오는 회장님의 목소리에서, 바다 건너 일본의 집무실에서 고국의 크리스마스와 연말 분위기를 그리워하는 마음이 느껴지는 듯했다.

1942년, 단돈 87엔을 들고 일본으로 건너가 고학을 시작하신 회장님. 수많은 어려움과 역경을 극복하며 무(無)에서 유(有)를 창조해 낸 자수성가한 기업인이신 회장님, 이렇게 거대한 롯데그룹을 일구어 내시면서도 회장님의 손길이 닿지 않은 곳은 없었다. 계열사의 작은 부분 하나하나에도 애정과 관심이 스며 들어 있었다.

크리스마스와 연말을 앞둔 그 시기 야간 개장 중인 현장으로 여러 차례 전화를 주신 회장님의 모습에서 진정한 회사 사랑과 열정을 느낄 수 있었다.

지난달 방문 시 남기신 지시 사항들을 다음 방문 전에 모두 완수하기 위해 우리는 온 힘을 다했다. 그것은 단순한 업무만 아니고 그 이상의 믿음과 신뢰를 쌓고 결과적으론 고객 만족의 바탕이 되는 일이기 때문이었다. 회장님이 오셨을 때 환하게 웃으시는 모습을 상상하며 우리는 열정을 불태웠다.

지금 돌이켜 보면, 그렇게 열심히 일했던 그 시절이 무한히 그립다.

「롯데월드 THEME SONG」

꿈속에 보았던 신비한 세계
모두가 오고 싶던 곳
모험과 환상이 가득한 이곳
사랑의 낙원이에요

로티와 로리가 함께 어울려
즐거이 노래 불러요

롯데월드는 단순한 놀이공원이 아닌 그 이상의 큰 의미를 지니고 있었다. 모든 사람들에게 행복과 즐거움, 그리고 꿈과 희망을 주고 싶다는 소망이 더컸을 것이라고 생각한다.
 이렇게 세워진 롯데월드는 마침내 국내최초, 세계최대의 전천후 실내 테마파크로 인정받아 1994년 기네스북에 등재되는 영광을 안기도 했다.

누구나 만나면 친구가 되는
사랑의 낙원이에요

세상에서 가장 아름다운 곳
마주치는 얼굴마다 반가운 이곳
꿈의 나라 신비의 세계
사랑의 롯데월드
꿈의 나라 모험의 세계
여기는 롯데월드

아침과 저녁 울려 퍼지는 테마송은 쉽게 따라 부를 수 있어 어린 아이부터 어른에 이르기까지 모두에게 정다운 인기 송이 되었다.

모든 이에게 즐거움과 기쁨, 그리고 행복을 선사하고자 했던 회장님의 철학이 이 테마파크 곳곳에서 생생히 펼쳐지고 있었다.

그의 꿈은 더 이상 꿈이 아닌 현실이 되어 우리 눈앞에서 춤추고 있었다.

크리스마스 캐롤이 은은히 퍼지는 가운데, 화려한 퍼레이드가 한창이다.

수많은 입장객의 얼굴에 피어나는 즐거운 표정 하나하나에서 행복이 묻어 나오고 있다.

이 모습이야 말로 회장님께서 그렇게 바라셨던 소박한 꿈이 아니었을까.

밖에는 어느덧 축복의 하얀 눈이 소리 없이 모든 것을 덮고 있

는데,

 캐롤이 울려 퍼지는 이곳 롯데월드 어드벤쳐에서 사람들은 일상의 무게를 잠시 내려놓고, 즐겁고 사랑스럽고 행복한 나라로 깊게 빠져드는 아름다운 밤을 보내고 있다.

용병술의
롯데

이덕우
한국후지필름 전 대표이사

 나는 롯데그룹 공채 16기로 입사하여 롯데호텔 경리부서에서 5년, 그룹 본부에서 20년, 다시 롯데호텔로 복귀하여 3년, 그리고 한국후지필름 대표로 2년을 근무한 후 은퇴 하였다. 그중에서도 그룹 본부에서 보낸 20년 동안 회장님 보고에 많이 참석하였으며, 그동안 신격호 회장님의 경영철학을 가장 가까이에서 접할 수 있었다.
 호텔 서비스 군과 유통 군 계열사 대표들의 회장 보고에 배석하고, 그룹 본부 경영 보고와 신규 프로젝트 회장 보고에 참석하면서, 나는 회장님의 말씀과 지시 사항을 귀담아듣게 되었다. 그 과정에서 타국 땅에서 롯데그룹을 일구어낸 회장님의 놀라운 역량에 자연스럽게 존경심이 싹텄다.

오늘, 나는 20년간 롯데그룹 본부에서 회장님 곁에서 근무하며 느낀, 신격호 회장님의 탁월한 용병술에 관해 이야기하고자 한다. 방대한 조직을 경영할 때 모든 것을 직접 관리하는 것은 불가능에 가깝다. 그래서 "인사가 만사"라는 말처럼 인사관리, 즉 사람을 다루는 용병술이 무엇보다 중요하다.

첫째, 회장님은 보고자의 말을 끝까지 경청하는 놀라운 인내심을 보여주셨다. 회장님의 생각과 다르거나 잘못된 점이 있어도, 핀잔을 주거나 말을 가로막지 않으셨다. 대신 논리적으로 따져 잘못을 확인시키고, 더 공부하라고 격려하셨다. 회장님께서 자주 하신 말씀 중 가장 기억에 남는 것은 "현재는 잘못하더라도 무엇이 문제인지 알면 반드시 해결할 수 있다."와 "문제가 무엇인지 모르는 것이 문제다."라는 것이었다. 이는 오늘날 많은 상사가 범하는 오류, 즉 아랫사람의 실수에 대해 즉각적으로 질책하거나 모욕을 주는 행태와는 정반대의 접근법이었다. 회장님은 항상 문제의 본질을 파악하고자 하셨고, 이는 롯데그룹이라는 대기업을 일구는 데 큰 토대가 되었다고 확신한다.

둘째, 회장님은 상호 견제와 균형의 용병술을 구사하셨다. 어느 한 사람에게 독점적인 큰 권한을 부여하지 않으시고, 항상 이중으로 체크하는 균형 잡힌 경영을 하셨다. 각 계열사 대표의 보고를 받으신 후에는 반드시 그룹 본부에 확인과 조사를 지시하셨고, 이를 통해 항상 올바른 방향으로 나아가고 있는지를 점검하셨다. 각 계열사 대표와 그룹 본부 기획, 그리고 그룹 감사 사이의 상호 견제와 균형을 철저히 관리하셨고, 조직별로 별도의 보고를 받으셨다. 누구에게도 과도한 권한을 부여하지 않음으로써, 회장님은 항상 조직 전체의 건강한 균형을 추구하셨다.

세 번째 신격호 회장님의 탁월한 용병술은 그룹 본부의 젊은 인재 양성에 대한 그의 남다른 안목에서 빛을 발했다. 회장님은 계열사별로 전담 담당자를 지정하셨는데, 이들은 주로 대리, 과장, 차장급의 젊은 직원들이었다. 이들에게 회장님은 특별한 임무를 부여하셨다. 바로 각 계열사 대표의 보고 전에 해당 회사의 현안에 대해 5분 스피치를 하는 것이었다. 그리고 회장님은 그 내용이 아무리 사소해 보이더라도 진지하게 경청하셨다. 당시 평범한 직원에게 회장님 앞에서 보고는 엄청난 부담이었다. 하지만 그 속에서 우리는 그룹 본부 직원으로서의 자부심도 함께 느낄 수 있었다. 나 역시 그러한 경험의 주인공 중 하나였다.

어느 날, 보고 중에 회장님께서 갑자기 나에게 물으셨다. "호텔 담당자인 자네는 호텔에서 커피 한 잔의 원가가 얼마인지 아는가?" 순간 당황했지만, 나는 솔직히 "아직 계산해 본 적이 없습니다."라고 답변드렸다. 그때 회장님은 일본에서 껌 하나의 원 단위 원가까지 직접 계산해 보았다며, 모든 것을 철저히 계산해 보고 실행해야 한다고 할아버지처럼 인자하게 조언해 주셨다. 그 순간의 회장님의 모습이 아직도 선명하게 떠오른다.

세상만사가 그렇듯, 특히 기업은 호황과 불황의 반복되는 파고를 잘 넘어야만 한다. 신격호 회장님의 경영철학은 바로 이 점에서 빛을 발했다. 한국경제가 가장 어려운 IMF 시절에 롯데그룹이 가장 빛이 난 것은 회장님의 위대한 경영철학과 용병술이 아니었나 생각하며 신격호 회장님의 영면을 애도하며 롯데그룹의 무궁한 발전을 기원합니다. 감사합니다.

하나라도 더 가르쳐 주고 싶어 하시던 회장님

박정환
롯데KKD(현 롯데GRS) 전 대표이사

입사 이후, 롯데제과에서 근무하다 1992년 3월 그룹 기획조정실 기획부로 인사 발령을 받았다. 첫 기획서는 세븐일레븐과 관련한 편의점 사업 보고서였다. 이 자료는 ABC 데이터(매출 기여도에 따라 취급 품목을 ABC로 분류하는 분석 방법)를 통해 그룹사 제품이 일반 편의점에서 어떤 평가를 받고 있는지 구체적인 수치로 보여주는 현황 보고서였다. 결국 매장에서의 진열 우위가 매출을 결정하는 시대가 올 것임을 예측하여, 그룹이 편의점 사업에 진출해야 하며 국내 최초의 편의점인 세븐일레븐(당시 코리아세븐)을 인수해야 한다는 내용이었다.

데이터에 기반한 고객 선호 분석과 제품 개발 방향 설정, 개인 기업화되고 낙후된 슈퍼마켓, 선진화된 주문배송 물류체계 등을 고려할 때, 국내에서 백화점과 같이 유통망 우위를 가진 롯데에 더 큰 기회가 될 것임을 기획 상무에게 보고했다. 그날, 일사천리로 진행된 회장 보고에서 회장님이 크게 만족했다는 전언을 들었고, 즉각적인 인수 작업을 거쳐 세븐일레븐이 그룹 계열사로 편입되었다.

실제로 회장님을 처음 만난 것은 1993년경으로 기억된다. 그룹 본부 기획팀으로 발령받은 지 1년 후쯤이었다. 기획 상무 보고 시 보고서를 들고 바로 곁에서 배석했던 기억이 난다. 양손 가득 백화점 쇼핑백에 담아서 들고 간 보고서는 수백 장에 달해 무게가 상당했다. 그러나 회장님을 직접 가까이서 만난다는 마음의 부담감이 더 무거웠던 때였다.

1998년경부터는 회장님이 각 회사 대표이사가 회장께 대면보고하기 전에, 그룹본부의 회사 담당 책임자가 직접 회장님께 선보고하는 제도를 지시했다. 그 첫 번째 대상 회사와 담당자가 나로 결정되었다. 아마도 회장님께서는 대표이사들이 듣기 거북한 사실보다는 상급자인 회장님 듣기에 좋은 보고만 하고 있다는 생각과, 경영관리 책임자들의 현장감 넘치는 진실한 보고를 듣기 원하셨을 것이다.

당시 롯데로서는 일반 직원(당시 나는 과장)이 회장님께 직접 보고하는 경우는 상당한 고위 직급자 외에는 있을 수 없는 기업 환경이었다. 갑자기 이틀 앞으로 다가온 보고 시간에, 나는 무슨 내용을 어떻게 어떤 형태로 얼마의 시간을 보고할 것인지 잠시 눈앞이 캄캄해졌다. 그러나 능력 되신 하나님의 아들인 내가 무엇이 두려울까 하는 신앙심으로 부딪혀 보자고 결심하고 첫 보고서를 만들었다.

회사의 현황 및 문제점, 그리고 개선 대책 순으로 한 첫 보고가 끝나고, 회장님과의 질의응답이 무려 1시간 20여 분 이어졌다. 땀 나던 첫 보고 시간은 나에겐 순식간의 시간으로 지나갔다. 그날 오후 기획 상무로부터 회장님의 긍정적인 평가 말씀을 듣게 되었고, 다음부터는 마음의 짐을 한결 가볍게 하고 회장님을 뵙게 되었다.

회장님보고 시 배석한 내게 "어이 박군" 하시며 회장님이 나를 지명하실 땐 그분의 생각과 의도가 항시 명확히 드러났다. 난 즉시 자리에서 일어나 회장님을 바라봤다. 회장님의 책상 오른편에는 항상 비서실에서 오늘 배석한 인물들의 이름을 한자로 기록해 놓아두고 있었다.

"우리나라 사람들은 연간 얼마나 설탕을 소비하지?" 회장님의 날카로운 질문이 시작됐다. "○○년 기준 연간 1인당 평균 23.1kg을 소비하고 있습니다." 내가 답하자, 회장님의 질문은 계속 이어졌다.

"작년에는 얼마였지?" "22.8kg였습니다."

"재작년은?" "22.1kg입니다."

회장님의 질문은 멈출 줄 몰랐고, 회장님의 관심은 우리나라뿐만 아니라 다른 나라로도 이어졌다.

"세계적으로 가장 많이 설탕을 소비하는 나라는 어디인가?"

"미국입니다."

"그래? 그 사람들은 얼마나 먹는데?"

"데이터상으로는 연간 1인당 64kg을 소비합니다."

"왜들 그렇게 많이 먹지?"

"탄산음료 소비량이 많아 그에 따른 설탕 소비가 많습니다."

"그러면 일본은 얼마나 먹나?"

"일본은 ○○년도 기준으로 1인당 18.1kg을 소비합니다."

"작년은?" "18.6kg입니다."

"재작년은?" "18.1kg입니다."

회장님의 질문은 더욱 깊어졌다.

"왜 일본의 설탕 소비량이 계속 줄고 있나? 일본이 왜 한국보다 인당 설탕 소비가 낮은가?" "일본은 우리보다 아스파탐, 솔비톨 등 대체 감미료 시장이 발달해서 상대적으로 설탕 소비가 낮습니다."

회장님은 만족스러운 듯 고개를 끄덕이셨다. "그렇지? 그런 걸 잘 분석해 봐야 한다."

그리고 갑자기 회장님이 뜻밖의 질문을 던지셨다. "그런데 박 군, 내가 왜 이런 걸 물어봤을까?" 여기에서 회장님의 질문 의도가 드러난 것이다. 이때는 머리를 긁적이며 "그것까지는 잘 모르겠습니다."라고 대답하는 게 정석이다.

"일본같이 설탕 소비가 줄어드는 시장은 경기가 침체하고 있으니, 투자를 줄이고 성력화(省力化 - 건축공사에서 성력화는 투입 자원 전체를 검토하여 작업 및 생산과정에서 불필요한 요소를 없애며, 단순화, 기계화로 생산성을 높여 인력감소 원가절감을 하는 것)를 통해 고정비용을 줄이고 안정된 경영을 해야 하고, 한국과 같이 설탕 소비가 지속해서 늘어나는 시장에서는 경기가 확장되고 있으니, 투자를 늘리고 마케팅도 활발하게 해서 선제적으로 대응해야 해. 내가 자네에게 이걸 알려주고 싶어서였네. 알겠나?" 하시곤 의자를 뒤로 젖히며 빙그레 미소를 지으시는 회장님의 모습이 선명하다. 직원들에게 늘 뭔가를 가르쳐 주고 싶으셔 하시던 신격호 회장님의 성품과 면모가 잘 드러나는 순간이었다.

일반 직원으로서도, 임원으로서도, 대표이사로서도 회장님 보고에 가장 많이 배석하고 지시를 받은 건 아마도 내가 아닐까 싶을 정도로 회장님과의 시간은 내게 귀중한 기회이자 배움의 장이었다. 대표이사로 발령을 받아 일선 현장 관리자로 근무하던 4년간에도 회장님은 토요일 오전이면 어김없이 비서실을 통해 나를 부르셨다. 그룹사 실적과 그 이유 등에 대해 질문하시면 참 난감했지만, 난 내가 아는 한에서는 답변을 드렸다. 질문을 하신 사항에 대해 파악하지 못하고 있다는 변명은 통하지 않았다. "회장이 관심을 가지고 질문하면 답을 해야지". 회장님은 나를 영원한 참모로 여기신 것 아닐까.

각종 수치가 나타내는 결론은 무엇인지, 그 트렌드와 현장에서 나타난 수치에 대해 분석하고 대응하기를 원하시던 회장님의 꼼꼼함과 치밀함은 놀라웠다. 그리고 같은 시장에 진출해 있는 경쟁 회사들의 동향과 구체적인 비교 숫자에 대해 무엇보다 중요성을 가르쳐 주신 회장님의 가르침은 귀중했다. "경쟁사를 적으로 여기지 말고 동반자로 여겨야 쓸데없이 상대와 전쟁을 해야 하는 비용을 줄일 수 있고, 고객에게만 집중할 수 있다."라고 말씀하신 회장

"일본같이 설탕 소비가 줄어드는 시장은 경기가 침체하고 있으니, 투자를 줄이고 성력화를 통해 고정비용을 줄이고 안정된 경영을 해야 하고, 한국과 같이 설탕 소비가 지속해서 늘어나는 시장에서는 경기가 확장되고 있으니, 투자를 늘리고 마케팅도 활발하게 해서 선제적으로 대응해야 해. 내가 자네에게 이걸 알려주고 싶어서였네. 알겠나?" 하시곤 의자를 뒤로 젖히며 빙그레 미소를 지으시는 회장님의 모습이 선명하다.

님. "절대 자랑하지 말고 내가 잘하는 것은 드러나지 않게 해야 경쟁사가 내게 이겨야 한다는 생각을 못 하게 만든다."라고 말씀하신 놀라우신 회장님의 지혜는 경이로웠다. 담당 직원들에게까지 관심을 가져야 하는 이유와 목적성을 직접 가르쳐 주시기 원하시던 그 모습은, 내 일생을 통해 잊을 수 없는 자산과 기억이 되었다.

롯데그룹에 입사해 감사한 일은 회장님으로부터 20여 년을 가장 가까이서 배울 기회를 얻게 된 것이 아닐까? 상사로부터 일을 지시받았을 때 나는 먼저 목적성(왜 하는지, 언제까지 해야 하는지)을 물어봤었고 이런 방법으로 이렇게 하면 될까요? 하고 물어보는 게 체질화되어 있었다고 생각된다. 일의 핵심은 목적성에 있었다는 것을 더 빨리 깨닫게 되었기 때문이었다. 일이 부가가치를 만들어 내는 것임을 손수 가르쳐 주신 회장님의 가르침은 내 인생의 나침반이 되었다.

내가 롯데그룹 전 직원 중에서
"최고의 행운이다"

이종규
롯데삼강(현 롯데웰푸드) 전 대표이사

　　　　　내가 감히 롯데그룹 전 직원 중 최고의 행운아라 자부할 수 있는 이유는 신격호 회장님과 너무도 이른 시기에 만날 수 있었기 때문이다. 롯데그룹의 모태인 롯데제과는 1967년 4월 3일, 자본금 3천만 원으로 설립되었다. 현재는 롯데웰푸드로 사명이 변경되었지만, 그 역사적 의의는 여전히 크다.

　창립 이듬해인 1968년 6월 12일, 나는 롯데제과의 신입사원으로 경리부 회계과에 첫발을 내디뎠다. 가난한 농촌 출신으로 4살의 어린 나이에 아버지를 여의고 편모슬하에서 자란 나는, 대한민국 최초의 국비 대여장학금으로 겨우겨우 마산상업고등학교를 고학으로 졸업하고 서울에 올라와 얻은 첫 직장이 롯데제과였다. 시골 출신인 내가 서울역 앞 웅장한 건물의 사무실에서 주판을 놓고 경리 업무를 시작한 지 불과 6개월 만에, 연 2회 한국을 방문하시는 신격호 회장님을 직접 만나 뵙는 행운을 얻었다.

신격호 회장님의 업무 스타일에서 나는 평생의 교훈과 배움을 얻었다. 사소한 것의 중요성과 정직이라는 두 가지 가치였다. 회장님은 귀국 시마다 가장 먼저 회사 발행 주식을 점검했다. 상업은행 본점 지하 금고에서 맡겨둔 증권을 찾아드리면, 주식 발행 대장과 일일이 대조하신 후 열쇠를 주시면서 다시 금고에 보관하라고 지시하셨다.

또한 회장님은 6개월간의 회사 경영 실태를 파악하기 위해 전표와 시산표로 보고를 받곤 했다. 전표 하나하나를 몽당연필 뒤의 지우개로 짚어가며 대조하시는 모습은 지금도 선명히 기억에 남아 있다. 5년이 넘는 기간 동안 회장님의 이런 모습을 반복적으로 목격하면서, 일찍이 아버지를 여의고 편모슬하에서 자라났던 나는 회장님이 아닌 마치 아버지와 직접 대화하고 상의하는 것처럼 착각이 들기도 하였다. 나에게 그러한 정신적 바탕이 생성되어 롯데라는 조직을 떠나는 날까지 신격호 회장님은 직장의 상사라기보다 친아버지 같은 생각으로 모셨다.

나의 눈에 비친 신격호 회장님의 경영 리더십은 "정직과 검소"로 요약될 수 있다. 단순히 보고받고 지시하는 것이 아니라, 모든 일을 직접 확인하고 실제 상황에 근거하여 처리하는 회장님의 순리적 경영 방침은 나에게 큰 가르침이 되었다. 경리 전표 하나하나를 세심히 점검하여 오류를 찾으려 하시는 모습, 호텔에서 휴지 한 장도 아껴 쓰시는 모습 등 55년 전의 기억들이 마치 영화의 한 장면처럼 생생하게 떠오른다.

정직과 연관된 일화 한 토막

1992년, 신격호 회장님은 ○○○○(주)에 대한 경영 참여를 결단하고 당시로서는 파격적인 금액인 ○○○억 원 선투자를 결정하셨다. 롯데와 50:50 지분 구조로 이루어진 이 거래는 곧 예상치 못한 난관에 봉착했다. 기존 경영주는 비상장 주식 양도에 따른 거액의 양도소득세 부과 사실을 뒤늦게 인지하고, 주식매매 사실을 5년간 은폐해 달라고 요청하며 50억 원의 사례금을 제안했다.

이 상황을 보고받은 신격호 회장님은 휴일 골프장으로 향하던 중 단호하게 말씀하셨다. "비정상은 절대로 정상을 당하지 못한다." 이 간결하면서도 강력한 한마디는 깊은 울림을 주었다.

당시 롯데그룹 역시 금융권의 여신관리 규정으로 인해 주식취득 사실을 즉각 반영하기 어려운 상황이었다. 여러 계열사를 통해 가지급금 형태로 회계처리를 해놓은 상태였기에, 규정에서 벗어나는 시점까지 주식취득 자체를 숨겨야 할 필요가 있었다. 오히려 롯데 측에서 은폐를 요청해야 할 상황이었음에도, 신격호 회장님은 정도를 걸을 것을 강조했다. 이는 보고를 드린 임원의 가슴을 뭉클하게 만들었고, 롯데라는 조직에서 정직과 올바름이 얼마나 중요한 가치인지를 깨닫게 해 주었다.

이러한 경험은 한두 번에 그치지 않았다. 신격호 회장님의 가르침은 임직원들로 하여금 롯데그룹에서 살아남기 위해서는 정직하고 바른길을 걸어야 한다는 확고한 신념을 갖게 했다. 이렇게 단련된 신념으로 나는 42년이라는 긴 세월 동안 롯데그룹에서 일하면서도 단 한 번도 일의 어려움을 핑계 삼지 않았다. 또한 나는 42년 동안 공과 사를 엄격히 구분하여 법인카드의 사적 사용을 하지 않았으며, 10원 한 장도 헛되이 쓰지 않았다. 심지어 식당의 잔반을 줄이고, 휴일에는 차량 기사를 부르지 않고 직접 운전을 하는 등의 세세한 부분까지 신경 썼다. 나뿐만 아니라 모든 임직원의 노력이 모여 회사의 실적 향상으로 이어졌음은 당연한 결과였다.

왜 그렇게 했는가?

신격호 회장님의 경영 철학은 단순한 지시나 명령이 아닌, 깊이 있는 사고와 철저한 사실 확인을 바탕으로 한 대응을 강조하셨다. 40년이 넘는 세월 동안 업무보고를 드리면서도, "그래, 해라" 혹은 "하지 마라"와 같은 직접적인 지시를 단 한 번도 듣지 않았다는 점은 회장님의 독특한 리더십 스타일을 잘 보여준다. 대신 회장님은 항상 "그래, 잘 검토해 봐라."라는 한 마디로 임직원들의 자발적인 사고와 판단을 유도하셨다.

이는 단순한 말 한마디가 아니라, 조직 내에서 각자가 처한 상황의 유불리를 떠나 남 탓하지 않고 사실의 바탕에서 대응하면 반드시 해답을 찾을 수 있다는 깊은 통찰이 함축된 메시지였다. 신격호 회장님은 이를 통해 임직원들이 스스로 생각하고 판단하는 능력을 키우도록 독려하셨으며, 이는 롯데그룹의 핵심적인 조직 문화로 자리 잡았다.

신격호 회장님은 또한 "최소의 비용으로 최대의 효과"를 올리는 것이 경영의 본질이라고 강조하셨다. 이는 누구나 알고 있는 이론이지만, 실제 기업 운영에서 이를 실천하는 것은 쉽지 않다. 그러나 신격호 회장님은 이 원칙을 롯데그룹 전체에 철저히 적용하며, 효율적이고 생산적인 기업 문화를 만들어 내셨다.

나는 학력이라는 관문에 구애받지 않고 자신의 실력과 노력으로 정상에 오른 롯데그룹의 산증인이다. 마산상업고등학교를 졸업한 후, 지연, 혈연, 학연과는 무관하게 최고의 엘리트들이 포진한 롯데그룹에 입성했다. 서울대, 고려대, 연세대 등 국내 최고 명문대 출신들 사이에서 최하위직 경리사원으로 시작해 끊임없는 노력과 열정으로 사장이라는 정점에 도달했다.

신격호 회장님의 기대에 부응하고자 항상 최선을 다했지만, 더 이상 그 기대에 걸맞은 능력을 발휘할 수 없다고 판단한 순간, 스스로 사표를 제출하고 롯데그룹을 떠나는 결단을 내렸다. 이는 롯데그룹 역사상 전례 없는 일이었다.

롯데그룹 창립 이래 고졸 출신으로는 최초로 대표이사 사장직에 오르고, 또 나의 의지로 사표를 제출하여 명예롭게 퇴진한 나는 스스로를 롯데그룹 최고의 행운아라고 자부한다. 이 생각은 지금도 변함이 없다. 앞으로 롯데그룹에서 나와 같은 행운아들이 끊임없이 배출되기를 간절히 희망한다. 학벌이나 배경에 상관없이 실력과 노력만으로 성공할 수 있는 기회의 땅이 되기를, 그리하여 더욱 빛나는 미래를 향해 나아가는 롯데그룹이 되기를 진심으로 기원한다.

나의 보물 같은 시절

정승인
세븐일레븐 전 대표이사

　　　　　신격호 회장님과 신동빈 회장님을 모시고 일한 경험은 내 인생의 가장 빛나는 보물이다. 이 존경받는 두 분과의 만남은 마치 산들바람에 실려 오는 부드러운 숨결처럼 내 기억 속에 생생하게 남아있다. 그분들의 은혜와 애정은 내 영혼 깊숙이 각인되어 있다.

　나는 신입사원 시절부터 롯데그룹 기획조정실에서 근무했기에 가까이서 회장님의 리더십, 도전정신, 통찰력을 뵐 수 있는 행운아였다.

　나에게 신격호 회장님은 단순한 상사를 넘어선 위대한 스승이었다. 회장님의 가르침은 업무의 기본자세부터 일에 대한 열정에 이르기까지 삶의 모든 면을 아우르는 지혜의 샘이었다. 스스로 모범을 보이시고 지적하실 때는 듣는 이가 혹여라도 기죽지 않게, 따뜻한 미소로 우리를 이끌어 주셨기에 신입사원에서 세븐일레븐 CEO로 성장할 수 있었다. 그러한 모습이 아직도 눈앞에 선하게 남아있다.

나에게 있어 롯데에서의 시간은 숱한 도전과 성취로 가득했다. 당시엔 충성과 최선을 다했다고 자부했지만, 지금 돌이켜보면 아쉬움이 남는다. 그러나 이제야 깨닫는다. 신 회장님은 나와 우리 가족, 그리고 롯데 전체에 든든한 기둥이었음을. 세상에 둘도 없는 롯데라는 위대한 기업에서 일할 수 있었던 것은 실로 큰 축복이었다. 그곳에서의 모든 순간이 내게는 소중한 보물이었다.

롯데에서 맺은 수많은 인연과 롯데라는 이름이 주는 든든한 후원은 나에게 큰 원동력이 되었다. 대표직을 수행하면서 나는 끊임없이 '회장님의 리더십을 어떻게 본받을 수 있을까?'와 '나는 어떤 면을 닮아가고 있는가?'를 고민했다. 나 스스로 마케팅 전문가라고 여겼지만, 회장님은 그를 뛰어넘는 탁월한 마케터이자 실행력 있는 리더였다. 그분의 결단은 항상 신속하고 정확했으며, 그분의 혜안은 우리의 사고를 훨씬 뛰어넘어 우리를 놀라게 하곤 했다.

1994년도 모스크바 출점 관련 출장을 다녀온 후 회장님께 보고드릴 때의 일화다.

회장님의 질문은 짧고, 명확했다.

"그 땅 위치가 서울의 어디쯤 되노?"

"신촌 로터리쯤 됩니다."

"평당 얼마 고?"

"약 300만 원입니다."

"모스크바 인구는?"

"약 900만 명입니다."

"몇 평인고?"

"약 3,500평입니다."

"인구 900만 명 도시에 그런 위치라면, 300만 원짜리 땅이 없지?"

"그 뒤쪽은 몇 평이나 되는가?"

"3만 평입니다"

"그 땅 다 사라!"

당신은 한 번 가 보지 않고, 그렇게 큰 땅을 결정하신다.

만약, 우리라면 한 번도 가 보지도 않은 그 큰 땅을 살 수 있겠는가?

회장님을 만나고 나면, 나와 동료들은 일이 늘어났다는 부담감보다는 어떻게 저런 말씀을 하실까 하고 그분의 통찰력에 감탄하곤 했다. 그분은 우리의 사고를 한두 단계 앞서가는 지시를 내리셨고, 이는 우리를 놀라게 했다. 흔히 사람들은 보이지 않는 곳에서 지도자를 비난하기 마련이지만, 신격호 회장님은 그런 상황에서도 경외심을 자아내는 카리스마를 지니셨다. 그분을 떠올리는 것만으로도 자연스럽게 옷매무시를 가다듬게 되는 그 위엄은 실로 대단했다.

　존경하는 신격호 회장님, 언제나 그립고, 보고 싶고, 진심으로 사랑하고 존경합니다.

당신은 한 번 가보지 않고, 그렇게 큰 땅을 결정하신다. 만약, 우리라면 한 번도 가보지도 않은 그 큰 땅을 살 수 있겠는가?

믿고 맡겨 주시는 회장님

박정환
롯데KKD(현 롯데GRS) 전 대표이사

　　　　　　나는 롯데에서의 직장 생활 중 몇 번의 해고 위기를 겪었다. "넌 해고야!"라는 상사의 날카로운 말씀이 아직도 귓가에 생생하다. 아마도 내 부족한 진중함과 고집 때문이었을 것이다. 하지만 그때마다 마치 해결사처럼 등장하신 회장님 덕분에, 위기는 오히려 기회로 바뀌었다. 오늘은 그 놀라운 순간 중 하나를 되새겨보고자 한다.

　어느 날, 나는 롯데제과 양평동 본사 건물 건축에 관해 회장님께 담대한 제안을 드렸다. "회장님, 롯데제과가 종합창고로 사용 중인 양평동 공장 옆 1,560평의 땅이 있습니다. 지하철역과 가까운 이 귀중한 땅이 단층 창고로만 쓰이고 있습니다. 공시지가가 평당 500만 원을 넘는데, 겨우 평당 몇만 원어치의 제품창고로 쓰이는 것이 너무나 아깝습니다. 차라리 이 부지에 건물을 지어 임대 사업을 하면 어떨까요? 롯데제과도 매년 막대한 임대료를 지급하고 있는 상황에서, 여기에 건물을 짓는 것이 현명할 것 같습니다."

회장님의 눈빛이 변하셨다. "제과가 남의 건물에 들어가 있다고?" 그 순간, 나는 회장님의 마음을 움직였다는 것을 직감했다. 잠시 생각에 잠기신 후, 회장님이 물으셨다. "얼마면 건물을 지을 수 있나?"

나는 준비된 답변을 드렸다. "현재 1,500평을 기준으로 약 480억 정도면 최대한의 건물을 지을 수 있을 것 같습니다. 땅의 효율을 잘 따져봐야 합니다. 창고로 쓰는 것과 건물을 올리는 것 중 어느 것이 더 효과적일지 말입니다. 현재 양평동 부지는 창고의 역할은 이미 끝났다고 봅니다. 창고 기능은 새로 사들인 광명물류센터로 옮기고, 이곳에 건물을 짓는 것이 효과적일 것 같습니다. 더욱이 부지 인근에 새로운 전철역이 들어서니 안성맞춤입니다."

회장님의 결단은 신속했다. "그럼 자네가 검토해 보게. 건물을 지으려면 인근의 땅도 더 사서 부지를 넓히고, 건물은 법정 최고한도까지 지어 두 번 일하지 않도록 하게. 나중에 증축 같은 건 하면 안 되네."

이 순간, 나는 가슴이 뛰었다. 단순히 땅의 효과적인 운용에 관해 이야기하다가, 갑자기 제과 본사 건물을 짓겠다고 제안드렸고,

이에 대해 회장님께서 승인하신 것이다. 사실 이는 제과의 오랜 숙원사업이었다. 여러 차례 실무적으로 검토했지만, 본사 건물을 짓는 것은 회장님의 방침과는 거리가 있었다.

회장님께서는 장사하는 사람들이 멋진 건물에 있으면 거래처에서 기분 나빠할까, 우려하셨고, 남영동 공장 건물을 개조해 사무실로 써온 경험 때문에 쉽게 새 건물을 짓는 것을 허락하지 않으실 거라 여겼다. 그동안 우리 임직원들의 괜한 걱정으로 보고조차 못 드리고 끙끙 앓고 있었던 것은 아닐까. 회장님의 마음을 제대로 헤아리지 못한 우리의 오판이었다.

숙원사업이었던 건물 신축 계획이 순조롭게 승인된 배경에는 보고 시 배석했던 기조실장님의 통찰력 있는 조언이 있었다. 기조실장님은 모기업의 열악한 환경을 언급하며, 자가 건물의 필요성을 역설했고, 이는 회장님의 결단을 끌어냈다. 회장님의 지시하에 일은 빠르게 진행되어, 입찰과 건축 승인 등의 과정이 신속하게 처리됐다.

그러나 일부 자재 가격이 두 배로 폭등하는 등 비용 면에서 거대한 난관에 봉착했다. 본사 건물이 완공될 무렵, 건축비 상승에 대한 여러 논의가 있었으나 뚜렷한 해결책은 나오지 않았다. 모두가 해결의 실마리를 찾지 못해 전전긍긍하는 상황이 이어졌다. 예상대로 질책은 피할 수 없었지만, 더 큰 문제는 두 배가 넘는 건축비에 대한 책임 소재였다. "책임지고 짓겠다"라고 말했던 당사자로서, 나는 종합 보고를 맡아 관련 사장들과 함께 회장님께 보고를 드리게 됐다. 보고는 지난 과정의 상세한 설명, 완공된 건물과 이

전 모습의 대비, 건축물의 특징, 그리고 미래 활용 계획 등을 포함했다.

"회장님 이렇게 잘 건축했지만, 문제가 좀 있었습니다. 당초에 제가 회장님께 480억 원가량이 소요될 거라고 보고드렸는데, 결과적으로 그 두 배의 비용이 들어갔습니다. 첫째는 건축자재 파동으로 자잿값이 두 배가 넘게 들었다는 점이고, 둘째는 회장님께서 말씀하신 대로 인근의 부지를 더 매입하는데 들어간 비용, 셋째는 애초 16층 계획을 법정 최고한도인 19층까지 늘려 건축한 일, 마지막으로는 애초 계획에 없었던 홈쇼핑 형 건물을 짓다 보니 스튜디오 24개가 새로 들어왔기에 건축단가가 많이 늘었습니다. 단일건물에 이렇게 스튜디오가 많기로는 세계 최대이고, 이런 건물이 세계에는 없습니다. 스튜디오 한 개에는 고가사다리 소방차까지 진입할 수 있는 특징도 있습니다."

"이런 건물이 세계에 없다고?"

"예, 기네스북에 올라갈 정도입니다. 홈쇼핑이 인근 목동에 스튜디오 건물을 보증금 450억대로 빌려서 사용하고 있었는데, 이곳으로 본사를 이전하기로 해서 공사가 추가로 진행되었던 것입니다. 이런 사유 등으로 공사비가 애초의 480억에서 두 배로 늘어나게 되었습니다. 그러나 홈쇼핑이 450억의 비용을 줄이고 우리 건물로 입주해서 안정적으로 사업을 할 수 있게 되었으니 다행이고, 제과가 공사를 발주하고 롯데건설이 이 모든 건축을 맡았으니 오른쪽 주머니에서 왼쪽 주머니로 비용이 이전된 것 아니겠습니까?"

"그래, 그렇지 제과가 발주하고 건설이 시공했으면 다 우리 것 아닌가. 비용이 나가고 이익이 나더라도 다 우리 것인데, 무슨 문제가 있을 수 있나! 사장들 무슨 문제가 있나?" 하시며 배석한 사장들에게 회장님이 질문하셨다. 모두 예, 아무 문제 없습니다! 이구동성으로 대답이 나왔다. 놀라운 결과였다. 회장님의 말씀 하나에 극적 반전이 일어난 것이다. 그 후에 일어난 일들은 상상하시라.

오산에 소재한 중앙연수원 건물 증축 관련해서도 보고 후 비용 추산 98억을 승인받고, 집행에는 140억을 쓴 일도 있었는데, 역시나 동일한 스텝으로 회장님께서 "아주 잘했다. 일이란 이렇게 해야 하는 것이다. 두 번 일하지 말아야 한다."라고 말씀 주셨다.

회장님은 책임을 맡은 이에게 깊은 신뢰를 보내셨다. 예산이나 초기 계획에 얽매여 중요한 사업의 본질을 놓치는 일이 없도록, 타당한 근거가 있다면 담당자의 판단을 존중하셨다. "우리가 돈이 없나, 뭐가 없나?"라는 회장님의 말씀은 단순한 격려가 아닌, 합리적 결정과 과감한 실행을 독려하는 경영 철학의 정수였다.

회장님은 임직원 각자가 주인의식을 가지고 일할 수 있는 기업 문화를 창조하셨다. 이는 단순한 구호가 아니라, 회장님 스스로가 몸소 실천하며 보여주신 살아있는 교훈이었다. 그 진정성 있는 리더십은 모든 대표의 가슴속에 영원히 새겨질 것이다.

대형 사고를 겪고도 무사히 넘긴 것이 다행이 아니라, 오히려 이를 통해 회장님의 진정한 리더십을 직접 체험할 수 있었음에 감사함을 느낀다. 이는 단순히 해고의 위기를 모면한 것을 넘어, 기업

경영의 본질과 리더의 역할에 대한 귀중한 교훈을 얻은 소중한 경험이었다.

나의 아버지 같으신
신격호 회장님

이동호

부산롯데호텔 전 대표이사

제목을 쓰고 보니 엄격하면서도 자상하고, 근검절약을 몸소 실천하던 분. 1920년대 경상남도에서 태어나 일본 유학의 길을 걸었던 두 분. 신격호 회장님은 한국 경제계의 거목으로 롯데그룹을 이끌었고, 한 분(나의 부친)은 평생을 교육계에 헌신하셨다. 그러나 두 분의 인격적 면모는 놀랍도록 닮아 있으셨다.

내가 공부하던 하숙방에는 아버지이자 교장선생님이셨던 선친의 가르침이 한자 족자로 걸려있었다. "지기추상, 대인춘풍, 유위유난 무위무난". 이는 자신에게는 가을 서리처럼 엄격하게, 타인에게는 봄바람처럼 따뜻하게 대하라는 뜻이다. 또한 의미 있는 일을 하려면 어려움이 따르지만, 무위도식하면 어려움도 없다는 경구였다. 이 말씀은 평생 내 삶의 지침이 되었다.

롯데에 입사한 후, 나는 신격호 회장님의 "거화취실, 관광보국"이라는 한자 액자를 마주하게 되었다. 이는 화려함을 배척하고 실용을 추구하며, 관광업, 특히 호텔산업을 성장시켜 국가에 보답하겠다는 의지의 표현이었다. 당시 관광 후진국이었던 한국에서, 회장님의 이 비전은 실로 획기적인 결단이었다.

전해지는 바에 따르면, 신격호 회장님은 청와대를 방문해 박정희 대통령과의 면담에서 호텔업을 제안하셨다고 한다. "각하, 우리나라는 국토가 좁고, 분단되었으며 지하자원도 부족합니다. 그러나 삼면이 바다로 둘러싸여 있고, 지중해성 기후에 사시사철 사계절이 분명해서 세계 최고의 관광자원을 보유하고 있습니다." 이러한 통찰력 있는 제안에 박 대통령도 공감하였다. 이후 국제관광공사 소유하에 노후화로 경쟁력을 잃고 대규모 적자를 내고 있던 반도호텔의 민영화 과정에서 신격호 회장님은 인수를 결심하셨다.

1976년, 고대 법대를 갓 졸업한 나는 호텔 창업 초기에 관재과에 입사했다. 그룹 공채가 시작되기 훨씬 전의 일이었다. 시험과 면접을 거쳐 관재과에 배속받았을 당시, 회사 사무실은 서울신탁은행 16층의 임대 공간이었고, 직원 수도 많지 않았다. 관재과는 회사의 모든 자산을 관리하는 핵심 부서로, 김의식 대리(작고, 후에 그룹 관재부 전무로 퇴임), 김병일 관리 차장, 박창남 이사, 장오식 대표이사가 직계 라인을 이루고 있었다. 입사 초기, 나는 신격호 회장님께서 일본에서 보내주신 천만 불(당시 환율 490:1, 한화로 49억 원)의 등기를 마치고 경리부로 건설 자금을 이관하는 업무를 맡았다. 주식, 법제 등기, 고정자산 매입·처분, 무형재산(특허등록) 보험, 지방세(국세만 경리과에서 담당) 등 다양한 업무를 겁 없이 열정적으로 수행했다.

입사 2개월쯤 지났을 때, 신격호 회장님께서 젊고 멋진 모습으로 사무실에 들어오셔서 우리의 업무 현장을 둘러보셨다. 당시 나는 볼펜으로 기안과 품의서를 작성 중이었는데, 회장님께서 "볼펜을 다 쓰고 나면 어떻게 하나?"라고 물으셨다. 내가 "다시 총무과에서 사 줍니다"라고 답하자, "볼펜 심만 따로 팔지 않나? 절약될 텐데"라고 말씀하셨다. 그 후로 우리는 볼펜 심만 갈아 끼워 사용했고, 이를 통해 아주 작은 것을 아껴야 큰일도 할 수 있다는 교훈을 얻었다. 볼펜 심과 전구 하나까지 세심히 확인하시던 회장님께서 후에 123층 롯데타워를 건설하셨다는 사실은 놀라움을 자아낸다.

신격호 회장님께서는 안전과 화재에 대해서는 특히 엄격하셔서, 인화물질 관리부터 연기감지기 숫자까지 일일이 확인하셨다. 순찰 시에는 "더 단디 돌아봐라."(더 철저히 확인하라는 뜻)라고 당부하셨다. 또한 "너희들 월급은 누가 주노?"라고 물으시면, 우리는 "회장님께서 주십니다. 감사합니다."라고 대답했지만, 회장님은 "아니야, 고객이 주시는 거야. 알겠나?"라고 일깨워주셨다. 보고 내용이 미심쩍을 때면 "거기 가봤나?"라고 물으시며 현장 확인의 중요성을 강조하셨다.

회장님의 말씀은 엄격하면서도 조용한 저음의 경남 사투리였는데, 나는 그 특유의 억양을 비교적 잘 알아들을 수 있었다. 이러한 회장님의 가르침과 경영철학은 롯데그룹의 성장과 발전의 근간이 되었고, 오늘날까지 이어지고 있다.

내가 부산호텔 대표로 근무하고 있을 때, 이른 아침 순찰을 할 때면 회장님은 어김없이 페닌슐라(식음업장)로 향하셨다. "호랭이 잘 있나? 가 보자!"라는 말씀과 함께 창밖의 8년 된 수컷 호랑이와 눈을 마주치시며 빙그레 웃으시던 모습에서 고향집의 큰 어른 같은 따스함이 느껴졌다.

호텔 설립 초기, 을지로 1가와 남대문로, 소공동 일대(반도호텔, 아케이드, 동국제강, 아서원, 국립도서관, 국유지 사유지도로)의 부지를 매입하고 환지, 합필, 정리하는 과정은 전혀 쉽지 않았다. 그 와중에 백화점과 조선호텔 사이의 작은 땅, 소공동 1번지를 발견해서 (주)호텔롯데의 대표 주소를 '서울시 중구 소공동 1번지'로 주소 등록했을 때의 감회는 잊을 수 없다. 고려대의 안암동 1번지, 청와대의 삼청동 1번지와 어깨를 나란히 하는 상징성 있는 주소를 갖게 된 것으로, 당시 도큐호텔에서 집무하시던 회장님께서는 고 조병우 대표로부터 보고를 받고 기쁘게 승낙하셨던 일은 어제처럼 생생하게 기억이 난다.

부속건물(뒤에 백화점이 됨) 공사 시 보험에 가입한 지 2개월 만에 조선호텔 세탁소와 쿨링타워 등이 무너지는 대형 사고가 발생했다. 시행사인 동산토건의 부도와 조선호텔 측에 막대한 보상금 문제가 대두되었을 때, 모두가 난관에 부딪힌 듯했다. 하지만 천만다행으로 미리 가입해 둔 보험이 있어 예상치 못한 거액의 보험금을 수령하게 되었다. 이 위기를 기회로 전환한 순간 회장님은 이 사건을 단순한 행운으로 치부하지 않고, 직원들의 노고와 선견지명을 높이 평가했다. 회장님으로부터 받은 뜨거운 칭찬과 후한 하사금은 회장님의 따뜻한 인품을 보여주는 증거였다. 그 해, 나는 최우수사원으로 선정되어 회장님으로부터 직접 표창을 받는 영광을 안았다. 지금도 그때 받은 표창장은 소중히 보관하고 있다.

나는 26세, 젊은 총각의 나이로 롯데와의 인연을 시작하였다. 첫 직장이자 마지막 직장 대표이사로서의 여정은 내 인생의 황금기였다. 롯데그룹 퇴직 임원 모임인 롯데E클럽의 초대, 2대 회장, 고문으로 11년을 보내고, 75세의 나이에 롯데재단의 자문위원으로 위촉되었으니, 내 생의 49년을 롯데와 함께하는 축복을 누린 것이다.

지금은 세계 최대 감리교회인 광림교회에서 장로로 봉사하고 있다. 이 또한 하나님의 은혜요, 축복이라 여긴다. 성경 말씀처럼 "너와 함께하는 자, 그곳을 복 주시고", "네 처음은 미약하나 나중은 창대하리라."라는 구절을 가슴에 새기며, 겸손과 감사의 마음으로 살아가고 있다.

26세에 입사할 당시, 롯데는 단 3개의 계열사(제과, 알미늄, 호텔)로 시작했다. 그러나 신격호 회장님의 혜안과 열정적인 경영으로 일궈낸 오늘날의 롯데그룹은 그야말로 기적이다. 재계 서열 5위라는 평가를 받고 퇴직했으니, 이는 내게 더없는 영광이었다. 어릴 적부터 롯데 제품과 롯데자이언츠만을 알고 자란 내 세 자녀가 훌륭한 가정을 이루고, 나 역시 롯데맨으로서, 신앙인으로서 충실히 살아올 수 있었음은 모두 아버지 같은 신격호 회장님과 롯데그룹 덕분이다. 더욱 감사한 것은 회장님의 숭고한 뜻을 이어받아 장학 사업과 복지사업을 계승하시는 롯데재단의 신영자 의장님과 장혜선 이사장님이시다. 두 분께 깊은 존경과 감사의 마음을 전한다.

　부산롯데호텔 대표이사 시절, 매월 조회 때마다 전 직원에게 항상 강조했던 말이 있다. "이 나라와 나의 부모는 선택권이 없지만 숙명적으로 사랑해야 할 대상이요. 우리 롯데와 우리 배우자는 나의 의지로 선택했기에 영원히 사랑해야 할 대상이다." 이 말은 지금도 내 삶의 지표로 남아있다. 이 글을 쓰다 보니 자칫 내 자랑이 되어 신격호 회장님의 영광을 가릴까 두려운 마음이 든다.

　신격호 회장님, 회장님의 유산은 우리 모두의 가슴속에 영원히 살아있을 것입니다. 감사합니다.

part

5
기억 속의 순간들

회장님의
사진 기록

1. 학창시절
2. 청년시절

롯데호텔 오픈 축하연. 신영자 의장님과 함께

롯데호텔 기공식

롯데호텔 오픈 행사에서 권원식 총지배인, 총주방장과 함께

1938년 개관한 반도호텔. 반도호텔을 인수하여 1973년 롯데호텔이 탄생하였다

1. 롯데호텔의 기둥을 세우는 입주식 행사. 유창순 국무총리가 참석하셨다
2. 유럽 국가의 호텔들을 벤치마킹하러 가신 회장님

소공동 인근에 구성한 롯데호텔 TF팀 사무실

러시아 프로젝트를 총괄하던 장성원 롯데호텔 사장과 함께 러시아 파트너 접견

1970년대, 롯데호텔 설립 추진 회의를 진행 중인 신격호 명예회장

1965년 롯데 신격호 명예회장 입국

1. 정주영 현대그룹 회장님과 함께
2. 조경철 박사님과 함께

1979년 롯데쇼핑센터 개장 테이프 커팅

1979년 롯데호텔 개관식

1979년 3월 10일 롯데호텔 개관식

1980년대 초 롯데 신격호 명예회장, 롯데제과 공장 순시

롯데백화점 개점행사 (강진우 대표, 유창순 전 국무총리, 회장님)

오쿠노 쇼 건축설계사 대표가 러시아 프로젝트 설명하는 모습

1978년의 석촌호수

롯데월드타워 전경

롯데케미컬 여수공장

회장님의 영애 신영자 의장님과 함께

생일 잔치에서 증손주들과 함께

증손녀에게 카네이션 선물 받는 회장님

일본 한류를 만들어낸 배우 배용준과 영애 신영자 의장님과 함께

회장님이 좋아하셨던 박찬호 선수와 함께

회장님 서거 4주기 추모회

소박한 묘비와 봉분

울산시 울주군의 회장님 생가

울주군 고향마을의 회장님 묘비석

여기
울주 청년의 꿈
대한해협의 거인
신격호
울림이 남아 있다

마침글

거인과의 여정을 마치며

존경하는 독자 여러분,

시간은 흐릅니다. 격동의 시대를 함께 한 CEO들이 하나둘 세상을 떠나갈 때가 되었습니다. 우리의 기억도 서서히 흐려질 것입니다. 이 기록은 마지막 증언이 될지도 모릅니다.

"자네, 거기 가봤나?"

단순한 질문 속에 깊은 진리가 담겨 있었습니다. 책상 위의 보고서가 아닌, 발자국이 남은 현장에서 진실을 찾으라는 가르침이었습니다. 지금도 을지로 사무실 창가에 서면, 회장님께서 늘 바라보시던 거리가 보입니다.

"단디해라."

부산 사투리로 던진 이 한마디는, 때로는 격려였고, 때로는 질책이었습니다. 그러나 그 속에는 언제나 따뜻한 믿음이 있었습니다.

기업을 공기(公器)로 보신 회장님의 철학은 단순했습니다. 사회에 보탬이 되지 않는 기업은 존재의 이유가 없다는 것. 이 신념을 간직하고, 모든 임직원들이 공익을 위한 사명을 지키고 바른 행동으로 사회적 가치 창출의 역할을 다해야 할 때입니다. 롯데재단은 이러한 회장님의 뜻을 이어받아, 오로지 우리 사회 구성원 모두를 위한 공익적 가치 실현에만 힘쓸 것입니다.

신격호 회장님, 진정으로 당신을 사랑합니다. 당신께 너무나 많은 것을 배웠습니다. 회장님의 가르침은 가슴속에 영원히 살아 숨 쉴 것입니다.

이제 우리도 떠나야 할 때가 되었습니다. 다만 이 기록이, 앞으로 이 길을 걸어갈 이들에게 작은 등불이 되기를 바랍니다.

롯데그룹 전임 CEO 일동

신격호의 꿈, 함께한 발자취

롯데 CEO들의 기록

초판 1쇄 인쇄 2024년 12월 1일
초판 1쇄 발행 2024년 12월 11일
지은이 롯데그룹 전임 CEO들
기획 롯데재단
펴낸이 이대범&김웅
펴낸곳 레페토 AI
삽화 레페토 AI
사진 및 설명 이광진 미디어 실장, 롯데그룹 홍보실
주소 서울시 강남구 선릉로 94길 12, 6층
이메일 contact@repetoai.com
홈페이지 www.mominterview.com

ISBN 979-11-989549-0-9 03990

이 책은 롯데재단과 레페토AI의 계약에 따라 발행되었습니다.
저작권법에 의해 보호를 받는 저작물이므로 무단전재와 복제를 금합니다.